Ottocar Weber

Eine Kaiserreise nach Böhmen im Jahr 1723

Ottocar Weber

Eine Kaiserreise nach Böhmen im Jahr 1723

ISBN/EAN: 9783743328594

Hergestellt in Europa, USA, Kanada, Australien, Japan

Cover: Foto ©ninafisch / pixelio.de

Manufactured and distributed by brebook publishing software (www.brebook.com)

Ottocar Weber

Eine Kaiserreise nach Böhmen im Jahr 1723

Eine

Kaiserreise nach Böhmen

im Jahre 1723.

Von

Dr. Ottocar Weber,
k. k. Professor an der deutschen Universität in Prag.

Prag 1898.

J. G. Calve'sche k. u. k. Hof- und Universitäts-Buchhandlung.
Josef Koch.

I.

Zwölf Jahre lang hatte Kaiser Carl VI. bereits über die österreichischen Erblande, die ihm nach dem frühzeitigen Hingange seines Bruders Joseph zugefallen waren, regiert, ohne daß er bisher den vielfachen dringenden Einladungen der böhmischen Stände hätte nachkommen können, um in Prag, wie es bereits in Ungarn, in Niederösterreich, Tirol geschehen war, die Huldigung seiner getreuen Unterthanen entgegen zu nehmen und sich bei dieser Gelegenheit zum Könige von Böhmen krönen zu lassen.¹) Die Kämpfe, welche die ersten Jahre seiner Regierung angefüllt haben und durch die Friedensschlüsse von Rastatt, Passarowitz, neuerlich dann durch den Abschluß der Quadrupelallianz beendet worden waren, hatten ihn offenbar an der Ausführung dieses Projectes gehindert. Während seine Gemahlin Elisabeth Christine bereits einmal, 1721, behufs einer Carlsbader Cur in Böhmen geweilt hatte, war Carl überhaupt noch nicht in dieses Land gekommen. Bei dem Werthe, den die böhmischen Stände auf die Einhaltung der Krönungsceremonie gelegt haben, war es begreif-

---

1) Diese Darstellung stützt sich zum großen Theile auf den Codex 1043 des Wiener Haus-, Hof- und Staatsarchivs, einen stattlichen in Schweinsleder gebundenen, mit Goldschnitt versehenen, sehr sauber geschriebenen Band, der folgenden Titel trägt:

„Relation und Beschreibung der von dem Allerdurchlauchtigst großmächtigst und unüberwindlichsten Römmischen Kayßer Carolo Sexto zu Germanien, Hispanien, Hungarn und Böhaimb König, Ertz-Herzog zu Öster-Reich ꝛc. ꝛc. mit Dero Allerdurchlauchtigsten Frauen Gemahlin, der Römmischen Kayßerin

lich, wenn dieses Project immer wieder in den Erwägungen des Wiener Hofes auftaucht:[1]) endlich im Winter 1722 auf 1723 glaubte man alles vorbereiten zu dürfen, um dieses Ereigniß im nächsten Sommer vor sich gehen zu lassen. Aller Widerstand der Minister, ja auch die später ge=

> Elisabetha Christina in Germanien, Hispanien, Hungaren und Böhaimb Königin, gebohrnen Herzogin zu Braunschweig-Lüneburg und dero Beeden Durchläuchtigsten Ertz-Herzoginen Maria Theresia und Maria Anna Anno 1723 von Wienn nach Dero Erb-Königreich Böhaimb in die Haubt-Statt Prag verrichten Rays, daselbst geschehnen Einzug, von denen gesambt Böhaimbischen Ständen allergnädigst angenohmenen Erbhuldigung und darauf erfolgten zwayfach glorreichesten Königlich Böhaimisch Krönungen. Was sowohl von hocher Ministerial-Conferenz zur dies fahls einhollender kays. allergnädigster Resolution durch abgegebene Guttachten ist vorgestellet, als auch so dann untern praesidio des hochwohlgebornen Herrn Herrn Johann Franz Godfrid des Heil.-Röm. Reichs Grafen von Dietrich-Stein, Freyherrn zu Hollbrunn, Finckenstein und Landskron, Erbland-Jäger-Maister in Steyer der Böhm. Kays. und Cathol. Maj. würklich geheimen Rath und Hoff-Cammer-Praesidenten zur allerhöchst kayserlicher Bedienung ist vorgelehret und veranstaltet worden zc. was für Oberist Landes Officia und Erb-Aembter in Böheimb sich befunden, was diese an gewöhnlichen Regalien überkommen haben, was an Opffer Pfänning, Medallen, Denck und auswurff Müntzen beygeschafft, wie die gesammte Hofstatt auf der Reys befördert und in Prag undterhalten worden und einem angehefften Diario, wo die Allerhöchste Herrschafften sich täglich befunden und was disse Rays mit beeden Crönungen in Allem gekostet hat.
>
> In einer Ordnung zur künfftigen Nachricht mit denen als Beylagen angeführten und von denen Originalien getreulich abgeschriebenen Referaten auch angehörigen Listen des mit gewessten Personalis, dann einem ausführlichen Indice umb all und Jedes finden zu können zusammen getragen und beschrieben durch Allerhöchst gedacht Jhro kays. und königl. Catholisch. Mayestätt Hoffbuechhaltern und damahls auf solcher Rays mitgewessten Raytt Rath Johann Adam von Heinz." Diese Relation ist offenbar in officiellem Auftrage verfaßt worden, vielleicht schon deßhalb, weil man gelegentlich dieser Krönung so viele Mühe gehabt hatte, die auf die früheren Krönungen bezüglichen Priora zusammen zu bringen. Weiter sind noch benützt worden das Böhm. Statthalterei-Archiv, das Prager Städtische, das böhm. Landesarchiv, die venetianischen Gesandtschaftsberichte im Wiener Haus-, Hof- u. Staats-Archive. Sämmtlichen Herrn Vorständen und Beamten der genannten Archive gebührt des Verfassers wärmster Dank.

[1]) Lib. Decret. 767, 13. Jan. 1721. Städt. Arch. — Warum dann diese Krönung thatsächlich 1723 stattgefunden hat, darüber stellt Pelzel (Gesch. v. Böhmen. 4. Aufl. 1817. Bd. 2, S. 849/50) folgende Muthmaßungen auf: entweder in Folge der alten Sage, daß ein König von Böhmen nicht früher einen Sohn

äußerten Vorstellungen des Landes Niederösterreich gegen eine längere Abwesenheit der Majestäten wurden niedergeschlagen.¹) Es bestand zunächst die Absicht, die Kaiserin abermals eine Cur in Carlsbad durchmachen zu lassen, ja es scheint, daß die Aerzte gewünscht hätten, auch der Kaiser möge sich einer solchen Cur unterziehen, und zwar das in der ausgesprochenen Absicht, um Alles, was menschliche Kunst anrathen könnte, zu unternehmen, um den österreichischen Völkern den langersehnten Thronfolger schenken zu können. Am Projecte der Cur des Kaisers hat man aber nicht lange festgehalten dagegen bleibt das der Carlsbader Reise der Kaiserin länger bestehen; dieselbe sollte dann gleichfalls nach Prag kommen, dort den Kaiser treffen und ebenfalls gekrönt werden. Ebenso war zunächst der Gedanke gefaßt worden, daß das kaiserliche Paar sich nahezu ein volles Jahr, nämlich vom Ende der Laxenburger Saison 1723 bis zum Beginne derselben im nächsten Jahre — also etwa vom Juni bis Ende April — in Prag aufhalten solle. Beides ist dann mobificirt worden; die Badereise der Kaiserin unterblieb und der Aufenthalt in Prag wurde wesentlich abgekürzt. Es scheint aber keinem Zweifel zu unterliegen, daß die Aerzte auch so von der Reise und den veränderten Lebensbedingungen Günstiges verhofften, worin sie sich nicht ganz täuschen sollten; daß aber auch andererseits ein gewisses Gewicht darauf gelegt wurde, den Böhmen ihre eventuelle künftige Herrscherin, die kleine Erzherzogin Maria Theresia vorzuführen und von ihnen vielleicht eine nochmalige Anerkennung der weiblichen Erbfolge zu erlangen — die Zustimmung der böhmischen Stände zur pragmatischen Sanction war ja 1720 bereits erfolgt.²) Was den längeren Aufenthalt des Kaiserpaares

haben wird, als bis er gekrönt worden ist, oder wegen Sicherung der weiblichen Erbfolge überhaupt, oder endlich um der Kaiserin die als Witwengut bestimmten Leibgedingstädte Chrudim, Hohenmauth, Jaromierz, Königgrätz, Königshof, Melnik, Neubidschow, Policka und Trautenau zu sichern.

1) Berichte des venet. Gesandten am kaiserl. Hofe Francesco Donado an seinen Senat. 19. u. 26. Dec. 1722, 24. Febr. 1723. Wiener Haus-, Hof- u. Staats-Archiv. D. erzählt direct: es bestehe die Absicht des Hofes a rendersi al sepulcro d'un grande thaumaturgo della Boemia; ... spera d'ottenere del cielo la tanto bramata posteritá. Auch er erwähnt die Sage, von der Pelzel spricht. Man hat dazumal Carlsbad für auch in dieser Hinsicht segensreich gehalten und häufig deshalb Frauen hingesandt. Eben deshalb war auch die Kaiserin bereits 1721 hingeschickt worden. Die Tasse, aus der sie damals das Wasser trank, trug die Inschrift: vovet toto ex corde Terra Bohema Elisabethae proles. Alman. de Carlsbad par Jean de Carro 1833, S. 136.

2) Donado sagt: l'altro grande oggetto di Cesare di far dichiarare da questi stati di Boëmia la sua primogenita Herede. Gleich darauf meint er: se

anbelangt, so haben namentlich die Minister stets dahin gearbeitet, ihn abzukürzen; die Entfernung von der Hauptstadt, wo doch ein großer Theil der Behörden hatte zurückbleiben müssen, der schwerere Verkehr mit den fremden Gesandten, der Zwang, den Kaiser auf seinen fortwährenden tagelangen Jagden — l'unico divertimento sagt Donado — zu begleiten, dann die immerhin unbequeme Unterkunft — la residenza quantunque vasta pure incommoda — die andauernde sehr schlechte Witterung, die Böhmen als besonders rauh erscheinen ließ, boten dazu willkommene Handhaben. Aber auch der böhmische Adel scheint nachgerade etwas enttäuscht worden zu sein, besonders durch die geringschätzige herablassende Art, mit welcher er von den kaiserlichen Beamten behandelt wurde, dann durch die demonstrativ zur Schau getragene Sparsamkeit des Hofes; endlich waren die böhmischen Statthalter darüber verdrossen, daß sie sich ganz bei Seite geschoben und alle Angelegenheiten durch den Kaiser selbst, unter Mitwirkung seiner Wiener Minister erledigt sahen.[1])

Noch im December 1722 bekam eine Commission, bestehend aus den vornehmsten Hofbeamten unter Vorsitz des Obersthofmeisters Fürsten Trautsohn den Auftrag, alle formalen Vorbereitungen zur Krönungs- und Huldigungsfahrt des kaiserlichen Paares nach Böhmen zu treffen.[2]) — Diese Commission hat wiederholte Sitzungen abgehalten, umfangreiche

---

nel giro di queste poche restanti settimane di Luglio e d'Agosto non apparisce alcun segno di quella fecondità in di cui aspettatione e facendola sperare li medici con metafisica speculatione dal beneficio dell' aria s'è intrapreso questo viaggio, werde die Kaiserin doch noch die Carlsbader Bäder gebrauchen müssen. 20. Juli, W. A. — Carl VI. gebrauchte dann thatsächlich 1732 mit seiner Gemahlin die Carlsbader Cur.

1) Donado schreibt passim: il ministero austriaco che non cessa mai di battarlo (den Kaiser) con mille argomenti ad un presto regresso; . . er erwähnt die aria di superiorità, den sostegno, mit welchem alle, auch Prinz Eugen den böhm. Adel behandeln; fa crescere l'amarezza la quale si discopre senza mistero. . . . La primaria nobiltà Boëma, poco meno, che decaduta dalla lusinga di fermar per l'inverno la corte, e forse disingannata hora mai dal desiderarlo, fornisce pretesti per sollicitar doppo le funtioni il rittorno. 20. Juli, 3. August. W. A.

2) Diese Commission bestand noch aus dem Obersthofmeister der Kaiserin Fürsten von Cordona, dem kais. Hofkanzler Grafen Philipp Sinzendorf, dem böhm. Oberstkanzler Grafen von Schlick, dem kais. Oberstkämmerer Grafen Rudolf Sinzendorf, dem kais. Oberststallmeister Franz Adam Fürst von Schwarzenberg, Obersthofmarschall Grafen Caspar Cobenzl, Hofkammerpräses Grafen Joh. Franz von Dietrichstein, kais. Hofkammerrath Herrn von Tinti, böhm. Hof-

Referate erstattet, die dann vom Kaiser ebenso genau erwogen wurden und seine höchsteigenhändig geschriebenen Entscheide erhielten. Daneben wurden aber auch noch andere Aemter, so vor allem die böhmische Hofkanzlei, die kaiserliche Hofkammer, die Bancalität, ferner in Prag selbst das Gremium der Statthalter, die böhmische Kammer u. a. m. in Thätigkeit über dieselbe Sache gesetzt,¹) denn eine gar beschwerliche und umfängliche Sache war eine derartige lange Reise des Souveräns im vorigen Jahrhunderte; mußten ja doch viele Hofämter dieselbe mit Sack und Pack mitmachen, um in der Regierungsmaschinerie keine Stockung eintreten zu lassen; außerdem legte man dazumal noch so großes Gewicht auf alles Ceremonielle, daß das ganze Programm von vorneherein bis auf den letzten Strich fertig gestellt werden mußte, bevor die Majestäten die Stadt Wien verlassen hatten. Eine nicht geringe Sorge verursachte zunächst auch die Erbringung der zur Reise nöthigen, nicht unbeträchtlichen Geldmittel. Die vorhergegangenen Kriege hatten die österreichischen Finanzen — abgesehen von der theueren Verwaltung und der unzweckmäßigen Besteuerung — nicht in einen solchen Zustand versetzt, als daß dieser Punkt hätte mit Gleichmuth übergangen werden können. Gleich in der ersten Conferenz wollte die Commission erwägen, „ob d.s Alles ohne des hiesigen Statibanco Gefahr oder Nachtheil, das ist ohne dessen Credit dadurch zu schwächen werde geschehen können?" Diese Befürchtung wurde zwar alsbald zerstreut; um aber den öffentlichen Gerüchten keine Nahrung zu geben und da „der Credit in sola imaginatione besteht", wurde gleichwohl beschlossen, diesen Dingen die größte Aufmerksamkeit zuzuwenden und mit dem Director der Stadtbanco-Deputation Grafen Starhemberg sich zu berathen.²)

Schon Mitte Januar wurde nun unter dem Vorsitze des Grafen von Dietrichstein, Hofkammerpräsidenten, über diesen wichtigen Finanzpunkt verhandelt.³) Diese ad hoc berufene Commission gab sich keiner Täuschung darüber hin, daß sie nicht nur die für die Reise und Krönung nothwendigen

---

rath Herrn von Freyenfels, österr. Hofrath Herrn von Imbsen, Hofsecretär von Königshoffen. Cod. 1043, Fol. 1. v.
1) Auch der Prager Erzbischof wurde dann noch in Prag wegen Festsetzung des Krönungs-Ceremoniales beigezogen.
2) J. Mensi, die Finanzen Oesterreichs von 1701—1740, S. 585.
3) Die weiteren Theilnehmer waren: der Hofkammer-Vicepräses Baron von Petschowitsch, der Bancal-Präses Graf Ferd. Kollowrat, die Hof- und Bancalitätsräthe von Tinti, von Brandau, von Lach-Meyer, von Manner, der Hof-

Gelder aufbringen müsse, sondern auch dafür zu sorgen habe, daß den einzelnen Beamten, die auf der Reise mitzugehen hatten, die rückständigen Gehalte bezahlt würden, damit sie in der Lage wären, die Reise überhaupt mitzumachen und ihre in Wien zurückgelassenen Familien zu versorgen. 1711, 1712 und 1714 in Frankfurt und Preßburg hatte man sich damit geholfen, daß man den Beamten während der Reise ein größeres Kostgeld ausgefolgt hatte. Aber man konnte sich der gewiß sehr richtigen Erwägung nicht erwehren, daß damit nicht Alles getilgt sei, sondern die rückständige Besoldung doch gezahlt werden müsse; so daß es für zweckmäßiger erachtet wurde, zunächst die rückständigen drei Soldquartale doch zu bezahlen, wofür man eine Million Gulden brauchte; sodann wurden die Auslagen für die Reise mit einer halben Million anticipirt und sonach ein Entwurf ausgearbeitet, um diese Summen aufzubringen. Zunächst hoffte man auf eine freiwillige Beisteuer der böhmischen Länder im Betrage von 300.000 Gulden, dann auf eine 6% Anticipation seitens der böhmischen Vormundschaften, Potentiores ꝛc. im Betrage von einer halben Million, dann auf einen Vorschuß von Seiten der nieder-österreichischen Prälaten ꝛc.[1]) Diese Hoffnungen sind nicht alle erfüllt worden, einmal leisteten die böhmischen Länder nur ein Donum gratuitum von 200.000 fl. (davon Böhmen die Hälfte, Schlesien von der anderen Hälfte zwei Drittel, Mähren ein Drittel) — abgesehen von der persönlichen Krönungssteuer

---

buchhalter Vorrig von Hochhaus, dann der Buchhalter-Rath von Heintz; event. sollten auch noch der Hofcontrolor und Hoffuttermeister dazugezogen werden. In der Regel berieth nur ein Sub-Comité unter Tinti. Cod. 1073, Fol. 29.

1) Cod. 1043, Fol. 29: 300.000 fl. als ein donum gratuitum und Kronsteuer v. d. böhm. Ständen; 500.000 fl. Anticipation à 6% von den böhm. Vormundschaften, Potentioribus und Prälatenstand, so innerhalb der nächsten drei Jahre von den böhm. Grenz-, Zoll- und Ungeldsgefällen zu bezahlen sind; 200.000 fl. Anticipation à 6% von dem nieder-österr. Prälatenstande aus den nieder-österr. Vicedomamts-Gefällen zurückzuzahlen; 160.000 fl. gräfl. Bredau'sche angebotene Anticipation; 150.000 fl., welche Jud Werthheimer à 6% und 3% Provision gegen Verpfändung des schlesischen Biergroschens als Sicherheit für diese und seine älteren Schulden angeboten hat; 300.000 fl. wegen der Alienirung des Reichslehens Spigni; 215.000 fl., welche die Schweizer wegen Aufhebung der Jurisdiction im Nellenburg'schen angeboten haben. So alles zusammen 1,825.000 fl. Da aber nicht auf Alles zu rechnen sei, so wurde hauptsächlich auf das Donum grat., dann die Anticip. der Potent. des n. ö. Prälaten-Standes und des Grafen von Bredau, so über eine Million ausmachet, sich Hoffnung gemacht.

an den Kaiser per 10.000¹) und an die Kaiserin von 5000 Ducaten — das Anlehen bei den Potentiores mißlang ganz; die übrigen Kronländer, wie es bei der damaligen staatlichen Trennung der einzelnen Provinzen von einander ganz begreiflich war, leisteten gar nichts, nur der nieder- und oberösterreichische Prälatenstand steuerte die oben erwähnte Summe bei; der große Restbetrag mußte meist durch Anlehen bei einzelnen Privaten aufgebracht werden.

Thatsächlich kostete die Reise, die allerdings dann nur fünf Monate gedauert hat, nicht viel über eine Million Gulden und zieht man die Beträge, die regelmäßig für den kaiserlichen Hofhalt auch in Wien gezahlt werden mußten, ebenso für die Gehalte, die sich ebenfalls gleichblieben, ab, so verbleibt als außerordentliche Ausgabe für Reise und Krönungen der Betrag von 625.000 fl., der bei der großen Anzahl der Theilnehmer an der Reise als nicht exorbitant bezeichnet werden darf.²)

Ebenso mußte auch der staatsrechtliche Theil derselben hinreichend vorbereitet werden: der Landtag des Königreiches Böhmen einberufen und die Absicht des Kaisers, die Huldigung der Stände entgegenzunehmen, rechtzeitig publik gemacht werden. Auch die schlesischen und mährischen Stände sollten eingeladen werden, aber nur zur „Decoration", nicht etwa um auch ihrerseits die Huldigung einzuholen, denn man sei von der früheren Gewohnheit hie und da allgemeine Landtage aller dreier Länder einzuberufen, bereits abgekommen und überdies schreibe die Landesordnung genau vor, daß die Huldigung von den Ländern getrennt zu leisten sei, wozu der Kaiser eigenhändig bemerkte: „dies ist von der Kanzlei (böhm. Hoft.) gar wohl erinnert und hat dabei sein Verbleiben." Auch die schlesischen Fürsten sollten eingeladen werden und bei diesem Anlasse zwei von ihnen, die Fürsten von Liechtenstein und Auersperg, die noch nicht stattgefundene Belehnung mit ihren schlesischen Lehen erhalten.³) Dagegen seien die deutschen Lehensherren nicht einzuladen, da sie durch einen „nexu inseparabili" mit Böhmen vereint seien und man da kein Präcedens schaffen wolle.

Ferner schlägt die böhm. Hofkanzlei vor, durch das Saazer Kreisamt auch die Egerer einzuladen: „massen diese Stadt Eger mit dasigem Bezirke sich von dem Königreiche praetextu dessen, daß sie eine Pfandschaft sei, wo sie kann, zu eximiren trachtet; so aber derselben nicht gestattet, vor-

---

1) Hammerschmid, Historia Pragensis, ed. Ant. Podlaha, S. 189, gibt außerdem noch 16.000 fl. an.
2) S. Anhang.
3) Ersterer für Jägerndorf und Troppau, Letzterer für Münsterberg.

nehmlich aber in diesem allgemeinen Huldigungs-Actu nicht nachzugeben
ist, weil die Reluibilität der uralten Reichspfandschaften schon längst erloschen, mithin dieser Bezirk nicht anders als ein Appertinens zur Krone
Böhmen zu achten ist." Die Egerer, um das hier gleich anzufügen,
haben thatsächlich dann auch noch beim Landtage und vorher versucht, ihre
Sonderstellung geltend zu machen, ohne aber gegenüber der festen Absicht
der kaiserlichen Minister, diese nicht zu zugestehen, durchzudringen; sie mußten
sich schließlich fügen.¹)

Was das bei den Krönungen, dann bei dem vorhergehenden
Einzuge des Kaisers in Prag und bei der Huldigung einzuhaltende Ceremoniale anbelangt, so wurde zunächst auf das Eifrigste nach Präcedenz-
fällen gefahndet und die Wiener und Prager Archive daraufhin durchstöbert;
als solche Präcedenzfälle konnten gelten die Krönung Ferdinands IV. zum
Könige von Böhmen 1646, die Krönung Leopolds 1656,²) die seiner
Gemahlin Eleonore 1686; dann die Krönung Carls VI. in Frankfurt
1711, in Preßburg 1712 und die seiner Gemahlin ebendaselbst 1714.
Hauptsächlich hat man sich aber an die Krönung von 1656 gehalten,
natürlich mutatis mutandis und unter Berücksichtigung einiger dabei be-
merkter Mißstände. Auf jedes kleinste Detail beim Einzuge und bei der
Krönung wurde geachtet, dasselbe lange hin und her erwogen und schließlich durch des Kaisers Majestät selbst entschieden. Ein einziges Beispiel
möge hiefür genügen.

Es hatte sich die Frage erhoben, ob der Kaiser seinen Einzug in
Prag **unter einem Thronhimmel** reitend halten solle oder nicht.
Man hat darüber elf „exempla" nachgelesen, aber kein „vestigium"
dafür gefunden, daß jemals ein Monarch in Prag unter einem Thronhimmel eingezogen sei. Folgende Erwägungen leiteten dann die Commission bei ihrem schließlichen negativen Vorschlage: „der Himmel würde
doch ziemlich gewichtig sein und es daher mühsam sein, ihn so weit zu
tragen, der Kaiser könnte unter ihm zu wenig gesehen werden, dann wehe
in der Regel auf der großen Brücke (der steinernen), die zu passiren
sei, ein starker Sturm; es würden sich wohl alle Bürger zu diesem Ehren-
dienste drängen und da davon Einige jung, Einige alt sein würden, auch
schwach und stark und dabei nicht gar zu geschickt zum tragen, könnte

---

1) Vortrag der böhm. Hofkanzlei an den Kaiser. 1. Jan., 1723. Böhm. Landesarch. Cop. a. d. Minist. d. Innern. — S. dazu noch Prof. Čelakovský's
Artikel: Cheb a Chebsko, S.-A. aus Otto's Slovník Naučný, 1897.
2) S. über diese früheren Krönungen: Das königl. böhm. Krönungs-Ceremoniell,
Frankfurt u. Leipzig, 1723.

leicht daraus eine Schwierigkeit entstehen; dann könnte das Pferd des Kaisers geschreckt werden, besonders durch den häufigen Wechsel der Träger und den öfteren Aufenthalt; schlimm wäre es, wenn man etwa den Himmel unterwegs zurücklassen müßte, was dem Volke zu allerlei Mißdeutungen Anlaß geben könnte; sämmtliche Rathsbürger würden den Himmel in ihrer eigenen Stadt tragen wollen, da aber zwischen den einzelnen Städten Grenzterritorien sich befinden, deren Zugehörigkeit strittig ist, so wären darüber Streitigkeiten zu befürchten, wobei es „indecent sein würde, wann etwa in Ihr. Maj. allerhöchsten Gegenwart zwischen diesen streitenden Städten-Rathsbürgern, der Gränzen wegen, bei dem Einzuge Wortwechslungen oder wohl gar unverständige, den Zug hindernde Thätlichkeiten entstehen sollten."[1])

Trotzdem wurde der Einzug unter dem Thronhimmel beschlossen und wie recht die Commission bezüglich der zu befürchtenden Streitigkeiten hatte, zeigte sich, als die Bestimmung der bürgerlichen Träger vorgenommen wurde: die Kleinseitner verlangten den Himmel bis in das Schloß tragen zu dürfen und machten den Hradschinern das Recht streitig, an dieser Ehre Theil zu nehmen, weil der Hradschin keine Prager Stadt sei. Die Entscheidung fiel allerdings gegen sie aus:[2]) der Regen, der am Einzugstage selbst fiel, machte aber allen Nöthen ein Ende, indem er den Kaiser zwang, die schützende Carosse aufzusuchen.

In ähnlicher Weise wurden alle anderen Dispositionen über die Reise, die mitzunehmenden Personen, Wagen, Pferde, die Verpflegung, die Unterkunft unterwegs, die Herstellung des Prager Schlosses, die einzelnen Ceremonien ꝛc. berathen und entschieden; nicht weniger als neun lange Sitzungen, fünf in Wien und dann vier in Prag — deren Resultate in ausführlichen Protokollen niedergelegt sind — hat die betreffende Hofcommission über diese Dinge abgehalten, abgesehen von den nebenlaufenden Berathungen der anderen dabei betheiligten Behörden. Es wird sich Gelegenheit bieten, im Laufe dieser Darstellung auf ein oder

---

[1]) Cod. 1043, Fol. 218. — Bekanntlich zerfiel damals Prag in drei besondere Städte mit eigener Verwaltung: Altstadt, Neustadt und Kleinseite (kleinere Stadt Prag); der Hradschin bildete ebenfalls eine eigene Stadt, nannte sich wohl: die obere Stadt Prag, wurde aber von den anderen 3 Städten nicht dazu gerechnet. Außerdem sind noch eine Anzahl von Nebenrechten mit eigener Privat-Jurisdiction zu bemerken; z. B. das Pohořeletz „Unser lieben Frauen", Sect. Thomas, S. Georgii, Iberaser, Prälaten- und Obristburggrafen-Nebenrecht ꝛc.

[2]) Lib. Decret. 706, 14. Juni, Städt. Arch.

das andere Zeichen dieser Thätigkeit, soweit sie etwas Bemerkenswerthes bot, zurückzukommen.

Mitte Juni war dann die ganze Colonne reisefertig. Es wurde unterschieden zwischen dem Oberhofstaat, der die Majestäten begleiten sollte, und dem gesammten übrigen Hofstaate, der theils vorausgeschickt wurde, theils gleichzeitig reiste, aber auf einer anderen Route, da die Verpflegung der gesammten Reisegesellschaft auf einer Straße zu schwierig gewesen wäre. Man wird sich leicht einen Begriff über die Complicirtheit dieses ganzen Apparates machen, wenn man vernimmt, daß nicht weniger als 444 Wagen, davon etwa zwei Drittel leichte und ein Drittel schwere für die Reise der einzelnen Persönlichkeiten und ihres speciellen Reisegepäcks mit 1788 Pferden benöthigt wurden; dabei sind nicht mit gerechnet die 3000 Centner Bagage, die besonders von Wien nach Prag spedirt wurden. Nebstdem wurden für den Aufenthalt des Hofes in Böhmen 514 Pferde und zwar: Tummelpferde oder Reitpferde aus dem spanischen Stall, Leib-Zugpferde, Stadt- und gemeine Zugpferde, Sedia-Pferde, Officierspferde, Knechtsklepper, dann Zug- und Trag-Maulthiere, Leibreitpferde, Cavalliers- und Edelknabenpferde nach Prag geschickt.

Für die Verpflegung derselben wurde ein eigener Contract mit dem Churtrier- und Pfälzischen Hofjuden Sinzheimer abgeschlossen, einen Theil übernahm ein fürstlich Schwarzenbergscher Stallmeister.[1]) Auch Hunde fehlten nicht; für die englischen Windhunde der Kaiserin mußte auf dem Schloßwege in Prag ein eigener Verschlag angelegt werden.[2])

In Begleitung der Majestäten befanden sich: die beiden kleinen Erzherzoginnen-Töchter Maria Theresia und Maria Anna, damals sechs und fünf Jahre alt (die Schwestern des Kaisers, deren Mitfahrt auch einen Augenblick in Aussicht genommen war, wurden in Wien zurückgelassen); die Conferenz hatte ausdrücklich auf ihre Mitnahme angetragen mit Rücksicht auf die mögliche Erbfolge derselben und daß die Lande eine große Freude haben würden, ihre zukünftige Herrscherin kennen zu lernen; von den obersten Hofchargen: Prinz Eugen von Savoyen, der am 6. Juli in Prag eintraf, Fürst Trautsohn, Graf Sinzendorf, Graf Starhemberg u. a. m.; dann von den wichtigsten Aemtern als der Hofkanzlei, der böhmischen Kanzlei, dem Reichshofrathe, dem Hofkriegsrathe, dem General-Kriegs-Commissariat, der Hofkammer, der Universal-

---

1) Aug. Ferd. Olbricht.
2) Jul. M. Schottky, Prag wie es war und wie es ist. Prag 1831. 2. Bd. S. 281.

Bancalität, ungarischen und siebenbürgischen Kanzlei¹) einige Räthe, Referendarien, Secretäre, Registratoren, Expeditoren, Concipisten, Kanzellisten, Diener, Heizer, Thürhüter, ferner zahlreiche Personen vom Obersthofmeisterstabe, vom Oberststallmeisterstabe, vom Hofstaate der Kaiserin und der jungen Erzherzoginnen, vom Hof-Controlor-Keller-Kuchel und Lichtamte, von der kaiserlichen Musik, von der Hatschieren und Trabantengarde ꝛc. ꝛc. Eine kurze Aufführung von einigen derartigen Hofchargen und Bediensteten beiderlei Geschlechts mag einen Einblick geben in das bunte Getriebe dieser Reisegesellschaft.²) Wir finden unter ihr: vier Hofcapläne, einen Hofprediger, dazu einen Socius, einen Oratori-Diener, 2 Capellenjungen; die Beichtväter des Kaisers, der Kaiserin und der Erzherzoginnen mit ihren Sociis, den Instructor der jungen Damen, zwei Hofmedici — vier Leibmedici werden besonders angeführt —, einen Capellenclericus, polnischen und moscovitischen Dolmetsch; Lichtkammerschreiber, Lichtkammerträger, Silberdiener, Silberwascher, Silberjungen, Silberwascherjungen; Summelier, Obertapezierer, Tapezierer, Untertapezierer, Hofbarbierer mit Gesellen und Jungen, Hofcurier, Zuckerbäcker, Wassermacher,³) Hofküchenschreiber, Ziergärtner mit Schreiber, Gehilfen und Jungen; Einkäufer, Geflügel-Mayer, Extraeinkäufer; Kellermeister, Frey- und Kammertafeldecker; Damentafeldecker; Edelknabentafeldecker; Silberwäscherin; Extra-

---

1) Die niederländische und spanische Kanzlei blieben zu Hause. Von der böhm. Kanzlei wurden zum Mitgehen bestimmt der Oberste Kanzler und der Vicekanzler; zwei Räthe aus dem Herrenstande, sechs aus dem Ritterstande, drei Secretäre, ein Taxator, ein Registrator, ein Expeditor, ein Raths-Protokollist, ein Concipient, sechs Canzellisten, ein Rollist, ein Taxamtscontrolor, zwei Thürhüter. Zu ihrem Dienste, besonders zur Ueberführung der Acten waren 26 Baadner Wägen bestimmt.
2) Aus den Kostgeldlisten. Cod. 1043, Fol. 334. Beispielsweise erhält da ein Hofcaplan täglich 2 fl. Kostgeld, ein Hofprediger 1½ Maß Wein und zwei Laibel Brod nebst Tafel auf der Reise; ein Hofmedicus per Tag 2 fl., ein Dolmetscher 3 fl., der Leibmedicus 3 fl.; der Instructor auf der Reise die Tafel, in Prag fl. 1·30, der Capellmeister auf der Reise 2 fl., in Prag 11 fl., der Compositor auf der Reise fl. 1·20, in Prag fl. 7·20; der Singmeister fl. 1·30, resp. 8 fl., ein Poet fl. 1·20, resp. fl. 7·20; die Hoftänzerin fl. 1·30, resp. fl. 5·30 Die Wäscherinnen und Kröserinnen auf der Reise jede 3 fl., für ein jedes Mensch noch 30 kr. Der Leibapotheker 1 fl., resp. 52 kr. — Die Reisekosten sind nach den einzelnen Aemtern im Anhange genau specificirt. — Der Weinbedarf war (Fol. 70) 2400 Eimer österr. Wein, 20 Eimer Käzersdorfer, 30 Eimer Stein- und Mosel-, 30 Eimer Wälscher und Tiroler Wein. — Wir erfahren auch da gelegentlich, daß das Kuchelordinarium für den Wiener Hof per Woche fl. 4300 betrug.
3) Zubereiter von kühlenden Getränken (?).

hofzuschrotter, Hoffischer; Mundbäck, Mundkoch, Hof- und Meisterkoch, Mundkuchelthürhüter, drei Zusetzer, 14 Küchenjungen, 2 Kohlenjungen; Kleinmundkucheltuchelträger (für die Frauenzimmer und Jungeherren-Krankentuchel), Bäckereiträger, Edelknabenkuchelträger, Holzhacker, Kesselreiber.

Die Wäsche besorgte: eine Mundwäscherin, Tafelwäscherin, Capellenwäscherin, Leibwäscherin, Leibkröserin,¹) Frauenzimmerkröserin, Hembwäscherin, Lailachwäscherin;²) ähnliche Beamtinen bei der Kaiserin und der Jungen Herrschaft; dann kamen noch elf Wäscherin- und Kröserinen-Mensch, zehn Fräuleinschneider, Obersthofmeisterinaufwärterin, Ayaaufwärterin, Fräulein-Extramensch, Krankenkocherin; es begegnen uns ferner vier Leibbarbiere, ein Leibapotheker, Perückenmacher, Kammer-Uhrmacher, dann die Kammerdiener, Fouriere, Quartiermeister ıc. ıc.

Der Oberststallmeisterstab entsendete Geschirrmeister, Senftenmeister, Heumeister, Haferkastner, Heubinder, Zeltschneider, Hofriemer.

Beim Hofstaate der Kaiserin begegnet eine Leibnäherin, eine Einmacherin; ausdrücklich wird da erwähnt, daß die Hebamme in Wien zurückgeblieben ist.

Die kaiserliche Musik zählte folgende Theilnehmer: einen Capellmeister, einen Vicecapellmeister, zwei Singmeister, einen Compositor, einen Concertmeister, zwei Organisten, sechs Sopranisten, vier Contraltisten, fünf Tenoristen, vier Bassisten, dreizehn Violinisten, vier Violoncellisten, zwei Violonisten, drei Trombonisten, vier Hautboisten, zwei Fagotisten, drei Scholaren, zwei Instrumentaldiener, einen Orgelmacher sammt Adjuncten, einen Lautenmacher mit Adjuncten, vier „musikalische" Trompeter und einen „musikalischen" Pauker (zum Unterschiede von den Trompetern und Paukern, die unter dem Hofstallmeisterstabe standen), zwei Poëten, einen Theatralofficianten, einen Theatralingenieur, ebenso für das Theater je einen Inspector, Maschinisten, Tischler, Copisten, zwei Tanzmeister, neun Hoftänzer, eine Hoftänzerin.

Die Gesammtzahl dieser Personen höherer und niederer Stellung beträgt nach den Kostgelder-Ausweisen 837.³) Es war nämlich die Vorsorge getroffen worden, daß diese Personen — abgesehen von der engsten Umgebung der Majestäten — unterwegs und auch in Prag für ihre

---

1) Krausen-Büglerin.
2) Lailach = Leintuch.
3) Der Mercure historique et politique weiß sogar von 1180 Personen zu erzählen; 75. Bd., 1723, S. 58.

Verpflegung selbst zu sorgen hatten und dafür ein bestimmtes Kostgeld erhielten.¹)

Es hatte auch dafür Sorge getragen werden müssen, daß die Straßen, welche der kaiserliche Zug auf der Reise zu passiren hatte, in einen leidlichen Zustand versetzt würden;²) bekanntlich sind die Straßen in jener Zeit in sehr schlechtem Zustande gewesen und gutes Wetter gehörte weit mehr, wie heutzutage, zu den dringendsten Wünschen der Reisenden, da ein nur wenig anhaltendes Regenwetter die Straßen leicht ganz unpassirbar machen konnte.

Die nothwendigen Reparaturen waren ebenfalls nicht ohne Kosten meist durch robottende Bauersleute geschehen, wobei sich die Kreishauptleute oft über die geringe Willfährigkeit derselben zu beklagen hatten. Ebenso war es nöthig gewesen, in den für die Aufenthalte zu Mittag und über Nacht bestimmten Ortschaften für die Unterkunft der Herrschaften Sorge zu tragen, Häuser und Zimmer repariren und herrichten, Küchen für den großen Aufwand an Comestibilien aufstellen zu lassen. Die Dimensionen für die Küchen, aus Brettern errichtet, waren ganz

---

1) Cod. 1048, fol. 334 ff. S. D. Davon gehörten an

	Pers.		Pers.
dem Obristhofmeisterstabe	223	dem Hofkriegsrathe	21
„ Obristkämmererstabe	38	Ihr. Durchl. des Prinzen (von Savoyen) als Präs. d. Hofkriegsrathes u. Feldmarsch.	7
„ Obristhofmarschallstabe	16		
„ Obriststallmeisterstabe	301		
„ Hofstaate der Kaiserin	51	dem kais. Gen.-Kriegs-Com.	15
„ Hofstaate der jung. Erzh.	18	der kön. böhm. Hofkanzlei	26
der kais. Musik	89	„ „ ungar. „	10
den „ Hatschieren	83	„ siebenbürg. „	6
„ „ Trabanten	59	„ öster. geh. „	11
der Reichshofkanzlei	14	„ „ „ Staatskanzlei	8
„ Hofkammer	18	dem kais. Oberhofpostamte	15
„ Univers.-Bancalität	6		

2) Kaiser an die böhm. Statth., 23. März. — Dazu Commissionalbericht der Herren Joh. Graf Schaffgotsch, Joh. Graf zu Würben, Franz Jos. Graf Kinsky, Joh. Franz von Voltz an die Statth., 10. Juni. Es wird hervorgehoben, daß namentlich die Straße zwischen Wysotschan und Sattalitz, dann die Branßeiser Straße „sehr schlimm und fast unpracticabel" seien. — Dann Weisungen an die Kaurimer, Bunzlauer und Berauner Kreishauptleute vom 12. u. 14. Juni. Prager Statth.-Archiv. Trotz allem spricht Donado noch von „difficilissime Strade", die ihn fünf Tage zur Fahrt von Wien nach Prag brauchen ließen. 6. Juli. W. A.

genau vorgeschrieben, ebenso die Größe der Heerde, die Anzahl der Tische, Fenster ꝛc.¹)

Bei den Mahlzeiten für die Majestäten und ihr nächstes Gefolge unterschied man zwischen Fleisch- und Fasttagen, Mittag- und Abendessen.

Es ist vielleicht nicht uninteressant, in die Liste der „erforderlichen Victualien auf einer Station an einem **Fleischtage Mittag**" Einblick zu nehmen. Es wurden da gebraucht:

5 alte Indiane, 22 junge Indiane, 16 alte Capaune, 20 junge Capaune, 124 junge Heubln, 3 junge Gansln, 17 alte Hennen, 4 junge Enten, 30 junge Nesttauben, 3 Fasanen,²) 10 Rebhändel, 6 Wildenten, 15 Bändl junger Vögel, 2 Haselhühner oder Schnepfen, 9 alte Hasen, 1 junger Hase, 1 Reh- oder Hirschkalbel, 207 Pfund Rindfleisch, 172 Pfund Kälbernes, 7 junge Lämmer, 20½ Pfund geräucherten Speck, 12 Pfund frischen Speck, 16½ Pfund Rindsfetten, 5½ Pfund ges. Schweinfleisch, 18 Paar Bries, 4 Pfund March, 2 Ochsenmaul, 8 Stück Kalbsköpfe, 22 Stück Kalbsfüße, 4 Panntl Darm, 5 Stück Peuschl, 36 Stück Lämmerfüße, 50 Pfund Schmalz, 50 Pfund Butter, 250 Eier, 24 neugelegte Eier, 80 Stück Siedekrebse, 200 Stück mittlere Krebse, 10 Maaß Milch, 4 Maaß Rahm, 12 Püscheln Grünes, 8 Püscheln Zeller, 2 Körbe Sallat, 16 Püscheln Rettich, 1 Korb Maurachen, je zwei Körbe von Weichseln, Amorellen, Kirschen, Birnen und Erdbeeren, ½ Eimer Sauerkraut, 24 Puschen großen und kleinen Spargel, 2 Püttel Kohl, 2 Püttel Spinath, 2 Kufen Salz, 3 Klafter Holz, 6 Butten Kohlen und 4 Eimer Eis.

Das Erforderniß für den Abend vermindert sich natürlich, aber nicht beträchtlich.

Ein **Fasttag Mittag** erfordert folgende Eßwaaren:

148 Pfund Karpfen, 126 Pfund Hechten, 28 Pfund Forellen, 16 Pfund Aal, 7½ Maaß Grundeln, 52 Pfund Schwobfisch (als Peßtling, Norfling, Kareis und Schleie),³) 70 Pfund Schmalz, 70 Pfund

---

1) Kais. Decret an die böhm. Statth., 20. April, mit 10 Beilagen; in denselben sind auch die in Folgendem mitgetheilten Victualien-Listen enthalten. Prager Statth.-Arch. — Ueber die Zustände unterwegs, s. beispielsw. den Bericht der Czaslauer Kreishauptleute an die Statth. vom 18. April über das Rathhaus in Habern, das sie ohne Thurin, ohne Fenster und Böden gefunden hätten. Prager Statth.-Archiv.

2) Dabei heißt es: Wann von ein oder anderen Sorte des Wildpräths die Zahl nicht zu bekommen wäre, ist der Abgang mit demjenigen, was zu bekommen ist, zu ersetzen.

3) Kleinere Fische; Nörfling speciell eine Art Asch.

Butter, 800 Stück Eier, 75 neugelegte Eier, 150 Stück Siedekrebse, 300 Stück mittlere Krebse, 30 Maaß Milch, 10 Maß Rahm, 24 Puschen Spargel; Obst und Gemüse wie oben.

Dabei ist zu bemerken, daß die Kaiserin und die kleinen Prinzessinnen nicht fasteten, für sie daher eine besondere Fleischkost hergerichtet wurde. Vielleicht darf der Curiosität halber noch angeführt werden, was für die beiden, wie erwähnt, sechs- und fünfjährigen Erzherzoginnen¹) da zu einer Abendmahlzeit für nöthig erachtet worden ist:

2 junge fette Capaunen, 2 alte Hennen, 4 junge Hendl, 1 Wald- oder 2 Moosschnepfen, 6 Pfund Rindfleisch, 3 Pfund Kalbfleisch, ¼ Lamm, ½ Pfund Rindsfetten, 1 Paar Briesel.

Es war das wirklich keine Kleinigkeit, diese ungeheueren Mengen von Victualien, die aus den umliegenden Ortschaften und Herrschaften requirirt werden mußten, immer rechtzeitig beisammen, die Küchen dazu aufgeschlagen, alles Küchenzeug ausgepackt zu haben und mit der Mahlzeit beim Erscheinen der Majestäten fertig zu sein. Doch scheint alles meist nach Wunsch gegangen zu sein.

Alle Postmeister mußten mindestens je 30 Pferde vorräthig halten, obwohl die kaiserlichen Vorspannpferde vorangeschickt worden waren. Für die Herbeischaffung dieser Pferde hatten die Kreishauptleute zu sorgen.²)

Nachdem alle Vorbereitungen getroffen waren, — auch eine Reise-Capelle war mit einem Aufwande von nahezu 10.000 fl. eingerichtet worden, — reisten denn Kaiser Carl VI. mit seiner Gemahlin, seinen Töchtern und dem nächsten Gefolge Samstag, den 19. Juni, früh aus Wien „unter dem Geleite Gottes" ab, speisten in Korneuburg und nahmen die erste Nachtstation in Stockerau. Am nächsten Tage ging es weiter nach Hollabrunn, am dritten Tage erreichten sie Znaim, am fünften die gräfl. Colalto'sche Herrschaft Pirnitz, wo das Fest St. Johannis des Täufers gefeiert wurde und wo sich der neuernannte böhmische Oberstkanzler Graf Kinsky einfand, um den Amtseid in die Hände des Kaisers abzulegen; am sechsten Tage kam man nach Jglau.³) Am zweiten Sonntag der Reise, den 27. Juni, wurde ein Ruhetag auf der Baron Pachta'schen Herrschaft Jenikau gehalten und derselbe zum Besuche des Klosters Sedletz benützt. Tags darauf besuchte der Kaiser auch das Gestüt in

---

1) Maria Theresia geb. 13. Mai 1717, Maria Anna geb. 14. Sept. 1718.
2) Kais. Rescript an die Statth., 7. Juni. Böhm. Statth.-Arch.
3) Diarium der kayserl. Reys von Wienn nacher Prag, daselbstiger Subsistenz und folgsamene ruch Reys von Prag nacher Wienn. Cod. 1049, fol. 154 ff.

Kladrub. Dann ging es weiter über die Cameralherrschaften Podiebrad und Przerow nach Brandeis, das am 29. erreicht wurde. Schon an der Landesgrenze waren die Majestäten von zwei Abgeordneten der böhmischen Statthalter, dem Oberstlandkämmerer Joh. Ernst Grafen von Schaffgotsch und dem Unterlandkämmerer Wenzel Ernst Marquardt von Hrabeck begrüßt worden und je weiter die Reise in Böhmen vorwärts ging, desto mehr Landesofficiere und Cavalliere fanden sich ein. Am 30. Juni wurde das letzte Mittagmahl auf der Reise in Hloupětin eingenommen.[1])

Die Wahl dieses letzten Rastortes hatte großes Kopfzerbrechen gekostet; in früheren Zeiten war stets Lieben ausersehen gewesen, das durch seine Nähe an Prag und sein schönes Schloß dazu höchst passend erschien. Diesmal aber hatte man davon abgesehen, da es „meistens ruinirt und mit Juden angefüllet ist".[2])

Nach dem Mittagessen reiste die kaiserliche Familie weiter und machte unmittelbar vor der Prager Neustadt, auf einem großen Felde vor dem neuen Roßthore[3]) halt; dasselbe war eigens zu diesem Empfange hergerichtet, auch mit einem reichen Zelte für die Majestäten versehen worden, das aus dem türkischen Reiche stammte. Von hier sollte sich dann der Zug ordnen, um in die Prager Städte einzurücken. Es hatten sich hier die Prager bürgerlichen Compagnien aufgestellt, dann ein

---

1) Damals Besitzung des Kreuzherrenordens, sechs Kilometer von Prag.
2) Cod. 1043, fol. 216.
3) Später Kornthor, existirt nicht mehr. Wegen des kais. Einzugs hatte man den dort befindlichen „Rabenstein", den Richtplatz, weiter weg verlegt, Dünger und Mist, der dorthin abgeführt worden war, weggeschafft u. a. m. Für den folgenden Einzug siehe auch: Beschreibung des Einzugs, welchen der Allerdurchlauchtigst-Großmächtigst- und Unüberwindlichste Römische Kayser Carolus der Sechste . . . mit dero Allerdurchl. Frauen Gemahlin etc. etc. in Dero königliche drey Prager-Stätte den 30. Juni 1723 gehalten. Prag, gedruckt bey Wolffgang Wickhart. Cum gratia et privilegio Caesareo-Regio. In dem Privilegium für den Drucker wird bez. des Verfassers aller vier Beschreibungen, viz. des Einzugs, der Huldigung und der beiden Krönungen angegeben, daß sie von dem „eigens dazu angestellten und überall dabey gewesten Statthalterischen Secretario Gottfried Joseph Martin" herrühren. Sie sind als die officiellen Verlautbarungen zu betrachten; am 6. Sept. ist dem Magistrat strengstens verboten worden, die Drucklegung einer solchen Beschreibung zuzulassen, da der Kaiser sich vorbehalten habe, „das Behörige seiner Zeit selbsten allergnäd. vorkehren zu lassen." Lib. Decret. 86. Städt. Arch. Lettres et memoires du Baron de Pöllnitz. Amsterdam 1737. 5. Bd. S. 340 ff.; er war Zeuge des Einzugs.

Theil des Caraffa'schen Regiments, weiters hatten sich über fünfhundert Adelige des Landes, alle prächtig geschmückt, auf ebenfalls festlich herausgeputzten Pferden eingefunden, um dem Kaiser das Geleite in die Stadt zu geben. Leider machte das Wetter der allgemeinen Festesfreude empfindlichen Eintrag, indem plötzlich ein heftiger Regenguß mit Wind einfiel — diluvio di pioggia e tempesta, sagt Donabo[1]) — so daß der Kaiser nicht, wie beabsichtigt worden war, unter dem eigens verfertigten reichen Baldachin zu Pferde einziehen konnte, sondern sich in eine Carosse setzen mußte, ebenso wie viele Adelige ihre Wagen bestiegen und nur wenige, troh des Regens, zu Pferde den Einzug begleiteten.

Rasch ordnete sich der Zug und unter dem Geläute der Glocken und den Salven der Geschütze nahm er gegen vier Uhr Nachmittags in folgender Ordnung seinen Anfang:

Eröffnet wurde er durch Cürassiere vom Regimente Caraffa mit Pauken, Trompeten und fliegenden Standarten, dann folgten die bürgerlichen Compagnien der drei Städte: zuerst die Kleinseitner in Weiß mit blauen Aufschlägen, ihre Hüte, Karabinerriemen und Schabraken mit Silber eingefaßt, die Officiere in Roth; dann die Neustädter in Roth mit Weiß und die Altstädter in Gelb mit Schwarz, die ersteren mit Silber-, die anderen mit Gold-Verbrämung. Hierauf folgten die 42 Herren und Ritter, die ohngeachtet des Regens zu Pferde paradirten, und nach ihnen die übrigen Adeligen, promiscue, in 56 sechsspännigen Carossen.

Es hatten sich vorher Schwierigkeiten ergeben darüber, ob ein Unterschied zu machen sei zwischen altem Adel und solchen Adeligen, die sich in prima, secunda oder tertia generatione befanden; nach einer Aeußerung der böhmischen Statthalter scheint eine Zeit lang die Absicht bestanden zu haben, den neuen Adel auszuschließen und thatsächlich findet sich noch die Beschwerde dreier Ritter vor, die nicht eingeladen worden waren. Schließlich entschied man sich doch für eine allgemeine Einladung und eine nicht nach dem Range geregelte Fahrordnung; nur die geheimen Räthe wurden dabei ausgenommen.[2])

Auf den böhmischen Adel folgten die kaiserlichen Einspanniere und Reitknechte mit den kaiserlichen Pferden, dann kaiserliche Hofwagen mit den dienstthuenden Kämmerern und den Ministern nach ihrem Range; hierauf ritten 12 Trompeter mit ihren Pauken, dann der kaiserliche Oberststallmeister Fürst von Schwarzenberg; nun kam der Wagen mit den

---

1) 6. Juli W. A.
2) Böhm. Landesarch. Cop. a. d. Minist. d. Inneren. 12. Juni, 17. Juni.

Majestäten: ein kostbarer Paradewagen mit sechs braunschwarzen Neapolitanern bespannt. Der Kaiser in mit Gold gesticktem Silberbrocat, saß im Fond, auf dem Vordersitze, ihm gegenüber, in Grün mit Silber, mit Diamanten besäet, die Kaiserin. Auf beiden Seiten marschirten Gardetrabanten, hinter dem Wagen ritten zwölf Edelknaben in neuen, feinen Livréen, die sie eigens zu der Reise bekommen hatten. Dann fuhr ein kaiserlicher Extraleibwagen, leer, mit sechs Schimmeln aus dem Karster Gestüt bespannt.

Nach diesem folgte der Wagen mit den beiden Erzherzoginnen, die neben einander im Fond saßen, während ihnen gegenüber ihre Aja Platz genommen hatte, Gräfin Anna Dorothea von Thurn, geborene Freiin de Souches. Weiters in acht sechsspännigen Wagen die Damen des Hofstaates, ihnen voran die Obersthofmeisterin der Kaiserin, Fürstin Maria Theresia von Auersperg. Den Schluß machten abermals kaiserliche Trompeter und Caraffa'sche Cürassire.

Im Schritte bewegte sich der Zug durch das neue Roßthor; und hier am Eingange der Stadt hatten die drei Bürgermeister mit je zwei Rathsverwandten und zwei Syndicis Aufstellung genommen. Der Altstädter Bürgermeister Michael Wenzel von Blaha hielt eine Anrede an den Kaiser, worin er nebst den üblichen Bewillkommungsworten demselben die Stadtschlüssel antrug; jeder der Bürgermeister trug die seiner Stadt, mit Quasten und Bändern in den Stadtfarben geschmückt, auf einer goldenen Tasse.[1]) Der Kaiser dankte und hieß sie die Schlüssel weiter in ihrer Obhut behalten. Darauf ging der Zug weiter die Korngasse herab über den Viehmarkt zum Neustädter Rathhause,[2]) wo der gesammte Magistrat der Neustadt aufgestellt war und fünf bürgerliche Compagnien, darunter eine „sehr wohl montirte Grenadiercompagnie", unter dem Stadthauptmann Grafen Wenzel Tschernin Spalier bildeten. Unter fortwährendem Trompeten- und Paukenschall ging es weiter, die Wassergasse, den Roßmarkt, den Graben entlang, durch die von tausenden Menschen erfüllten Straßen bis zum Pulverthurm, dem Eingange zur Altstadt, dann weiter durch die Zeltnergasse auf den Altstädter Ring; hier

---

[1]) Als Bürgermeister der Neustadt fungirte in diesem Monate (das Amt wechselte bekanntlich allmonatlich) Jacob Wenzel Engelthaler, auf der Kleinseite Carl Ferdinand Lederer. Die eigentlichen Oberhäupter der Städte, die Primatoren, standen bei den Bürgercompagnien; es waren das damals Joh. Caspar Brandt für die Altstadt, Conrad Breitenberger für die Neustadt und Carl Ferd. Arnold für die Kleinseite.

[2]) Jetzt k. k. Strafgericht.

am Anfange dieses Platzes, beim Eckhause neben der Teinkirche, hatte die Prager Universität Posto genommen, alle vier Facultäten unter Vortritt des Rectors Magnificus P. Franciscus Retz, Societutis Jesus, welcher allhier den Kaiser mit einer längeren, lateinischen Ansprache becomplimentirte. In ziemlichem wissenschaftlichen Citate wurde Plinius über den Einzug Trajans nach Rom vernommen, der Einzug des Kaisers in das „Capitolium Czechiae" gepriesen, den er thue, um gekrönt zu werden, er, dessen Haupt gar nicht genug gekrönt werden könne und bei dem man nicht wisse, ob er den Kronen nicht mehr Glanz verleihe, als er von ihnen empfange. Auf diese die ganze Schwülstigkeit vergangener Jahrhunderte athmende Rede erwiderte der Kaiser, gleichfalls lateinisch, ein paar kurze höfliche Worte, rückte den Hut und fuhr weiter; beim Altstädter Rathhause standen der Magistrat und vier Altstädter bürgerliche Compagnien mit dem Stadthauptmanne Grafen Leopold von Waldstein. Dann bewegte sich der Zug weiter durch die Jesuitengasse über die altehrwürdige steinerne Brücke auf die Kleinseite.

Hier hatte beim Sachsenhause[1]) der Kleinseitner Magistrat sich aufgestellt; auf dem Kleinseitner Ringe die Bürgermiliz der Kleinseite (Stadthauptmann war hier Herr Wenzel Wrazba von Kunwald), des Hradschins und der Nebenrechte. Auf dem wälschen Platz standen von der Ecke von St. Nicolaus bis zur Dreifaltigkeitssäule die Mitglieder der Gesellschaft Jesu, die vom Kaiserpaare besonders ausgezeichnet wurden, wie überhaupt die Prager Klostergeistlichkeit auf dem ganzen Wege vor ihren Klöstern Stellung genommen hatte — sie war vom Erzbischofe über Anregung seitens der Statthalterei dazu aufgefordert worden; gegenüber standen das Sickingen'sche Regiment, das in Prag garnisonirte, in der Spornergasse dann die Herberstein'schen Grenadier-Compagnien. Am Beginne des Schloßplatzes machte der Zug abermals halt, um hier beim damaligen, jetzt nicht mehr existirenden Kirchlein zu Maria Einsiedeln[2]) dem Hradschiner Magistrate, resp. seinem Bürgermeister Joh. Georg Mayer Gelegenheit zu geben, den Kaiser neuerdings zu begrüßen und zwar, ebenso wie es sein Altstädter College gethan hatte, in deutscher Sprache; dabei „auß herzinniglichst allerunterthänigsten Gemüth" wünschend: auff

---

1) Links, wenn man über die steinerne Brücke kommt, das erste Haus; gegenüber der einstigen Residenz der Prager Erzbischöfe; einmal im Besitze der sächsischen Herzoge — woher der Name, dann städtisch.

2) Auf dem Plateau, bei der Wenzelsstatue, von dem man jetzt den schönen Ausblick auf die Stadt genießt, gegenüber dem Schwarzenbergpalais.

daß die allschon zu beziehen nähist angelegene Königliche Residenz, oder Böhmisch „hrad" genannt (wobey diese in ihrer unverbrüchlich theuern Pflicht obere Statt Prag Hradschin die Etymologiam niehmet, und von Euer Majestät Weyland glorreichestem Vorfahrer dieses hochgepriesenen Nahmens Carl dem IV.ten . . mit eygenen neuen Mauern umgeben, auch zu einer beständigen königlichen Residenz zubereitet und erwehlet worden) gleichfalls Euer . . Majestät zu beständig vollkommener Gesundheit, vergnügt, lang, und ersprießlichen Wohlfahrt, erdenklichsten Zufriedenheit, Ruhe und Raststatt, Obsieg und Triumphirung wider Dero Erb und alle andere Feinde seyn und verbleiben."

Obwohl hier der Oberste Kanzler zu antworten hatte, antwortete diesmal der Kürze halber der Kaiser mit ein paar Worten, da der Regen gerade mit erneuter Wucht niederfiel; rasch erreichte nun der Zug an dem Prager Schloßhauptmanne von Widersperg vorbei, dem nur durch ein gnädiges Zeichen bedeutet wurde, seine Schlüssel behalten zu dürfen, sein Ziel, den Platz vor der Domkirche, wo die böhmischen Statthalter, alle in „gespitztem schwarzen Mantelkleid", die Majestäten erwarteten. Auf der Spitze des Kirchenthurmes stand der Schieferdecker und feuerte zwei Pistolen ab, als starkes Echo erschallten neuerlich Geschütz- und Gewehrsalven. Kaiser und Kaiserin verließen den Wagen, worauf der Oberstburggraf Joh. Jos. Graf von Wrtby einem alten Gebrauche nach den Kaiser in tschechischer Sprache bewillkommte und zugleich in seinem Namen und im Namen seiner Collegen die Aemter niederlegte, da sie nur in Abwesenheit des Kaisers zu fungiren hatten und bei Anwesenheit desselben die Geschäfte von der böhmischen Hofkanzlei unter seinem Vorsitze selbst zu erledigen waren.[1]) Der Kaiser erwiderte huldvollst in deutscher Sprache, nahm die Resignation an und schritt gefolgt von der Kaiserin und den Prinzessinnen der Kirche zu, wo ihn der Erzbischof von Prag, der alte Graf Ferdinand von Künburg[2]) mit dem Clerus empfing, ihn abermals mit einer lateinischen Anrede feierte, worauf dann in der Domkirche das Te Deum angestimmt wurde. Nach Absingung desselben konnten die kaiserlichen Herrschaften sich in ihre Gemächer zurückziehen — es war 8 Uhr Abends geworden: ein mühsames Tagewerk war beendet.

Als der Kaiser beim Nachtmahle den ersten Trunk gethan hatte, feuerte die Prager Schützen-Confraternität auf ihrem privilegirten

---

1) Böhm. Landesarch. Cop. a. d. Minist. b. Inneren. 25. Februar.
2) Geb. 1640; gest. 1731.

Schießstande, der Schützeninsel, ein unterthänigstes Salve aus 56 Feuer-Mörseln ab.[1])

Bevor wir den weiteren Verlauf der Prager Festlichkeiten verfolgen, müssen wir einhalten und betrachten, was durch kaiserliche Fürsorge und ständische oder städtische Maßnahmen in Böhmen, speciell in den Prager Städten, zur Vorbereitung für den allerhöchsten Besuch geschehen war.

II.

„Unter anderen bei Unserer bevorstehenden königl. böhm. Krönung erforderlichen guten Vorsehungen wollen Wir auch die Aufsicht dahingetragen wissen, daß der besorglichen übermäßigen Pracht an Kleidern, Livréen und Equipagen, wodurch sich besonders der höhere Adel bei jetzigen ohnedies geldbeklommenen Zeiten zu des Publici Undienst unnöthig einschulden könnte, vorgebogen und gesteuert werde... Alle unnöthige Pracht und Geldsplitterung soll unterlassen werden."[2]) Mit solchen und ähnlichen Worten hat von allem Anbeginn, da über die Einzugs- und Krönungs-Ceremonien berathen wurde, der sparsame Monarch zu Gunsten des Geldbeutels seiner Unterthanen intervenirt. Bis ins einzelne wird das in dieser Verordnung regulirt: der Herrenstand hat nicht mit großem, der Ritterstand mit mäßigem Gefolge zu erscheinen, letzterer soll sich der Pagen, Läufer und Heyducken enthalten, auch in Prag nicht in sechsspännigen, sondern nur mit vierspännigen Carossen fahren (was freilich beim Einzuge des Kaisers nicht befolgt worden ist); bei den Livréen ist Gold und Silber durchaus untersagt; an den Huldigungs- und Krönungstagen darf nur während eines Tages Gala getragen werden; ebenso haben sich auch die „Eheconsortinen" zu „mäßigen" und besonders die vom Ritterstande nicht mit goldgestickten Kleidern zu erscheinen. Da-

---

1) Nach Hammerschmid, Historia Pragensis, ed. Ant. Podlaha, S. 189 wurde damals auf die Ankunft des Kaisers folgendes Chronogramm gemacht: gaVDe, Laetare, eXVLta et LILIa sterne BoëMIa, eCCe, DoMInVs, reX et pater patrIae VenIt, CaroLVs, gratIae DILVVIVM. Derselbe Autor erzählt noch zwei Curiosa vom Aufenthalte des Kaisers in Prag: als derselbe am 5. Juli in seinem Schloßgarten lustwandelte, bevölkerte sich plötzlich wieder ein 8 Jahre leer gestandener Bienenstock; und als am 20. October auf dem Thurme der Wyschehrader Kirche ein neuer Knauf aufgesetzt wurde, blieb das Glas, welches der Dachdecker oben auf das Wohl des Kaisers geleert und dann herunter geschleudert hatte, unversehrt. Ebba.

2) Kais. Verordnung an die böhm. Statth. 11. Jan. u. 23. März. Prager Statth.-Arch.

mit zwischen den Rittern und Bürgern, dann zwischen den Deputirten der königl. Städte und den nobilitirten Rathsmännern ein Unterschied zu sehen sei, so dürfen die letzteren keine gebrämten, sondern nur sammtene oder auch nur „saubere tuchene Kleider" tragen, als einziger Schmuck wird ihnen zugestanden, daß die Knopflöcher mit Gold oder Silber ausgenäht sein dürfen. Die Landesofficiere, die bei den öffentlichen Feierlichkeiten zu fungiren hatten, sollen, soweit sie dem Herrenstande angehören, in schwarzgespitzten Mantelkleidern mit reichen Bändern, die vom Ritterstande aber ohne Bänder erscheinen; dieselbe Tracht wurde den Rittern des goldenen Vließes und den Geheimräthen vorgeschrieben, die obersten Erbämter des Kaisers durften den Mantel mit „Goldstück" gefüttert tragen. Auch sonst sah Carl VI. darauf, daß kein unnützes Geld ausgegeben werde, so verbat er sich eine Illumination am Krönungstage, „weil es theils kostbar theils gefährlich".[1]

Die Hofreisenden durften natürlich, was sie zu ihrem Unterhalt brauchten, mautfrei durch Böhmen nach Prag führen, doch sollte streng darauf gesehen werden, daß die Hofkammer nicht verkürzt und kein Mißbrauch getrieben werde; dem sollte durch Ausstellung von besonderen Passirzetteln abgeholfen werden. Auch sollten keine Handelsleute aus Wien mitgehen dürfen, um nicht den Pragern Eintrag zu thun, nur einige Ausnahmen wurden davon gemacht; allerdings hatten die Prager Kaufleute gegen eine solche Gefahr rechtzeitig Schritte gethan.[2]

Für die Besorgung der kaiserlichen Post wurde besondere Vorsorge getroffen: auf den gewöhnlichen Poststraßen Relais von drei zu drei Meilen angelegt und zur Erledigung der Correspondenz mit dem Auslande eine eigene Verbindung von Linz nach Prag über Freystadt eingerichtet.

Keine geringe Mühe mußte es verursachen, für die vielen hundert Personen, die den Kaiser zu begleiten hatten, in Prag richtige Unterkunft

---

[1] Cod. 1043, fol 14. v.

[2] Am 29. Jan. wandten sie sich an das Mercantil-Colleg, um mit Berufung auf das Patent vom 5. Juni 1717 eine solche Etablirung Wiener Kaufleute in Prag zu verhindern; das Merc.-Coll. sprach sich am 5. Febr. im selben Sinne aus und wies speciell auf die schlechte Lage des Prager Kaufmannstandes hin, diese Beschwerden gab dann die Statthalterei am 15. Febr. nach Wien weiter. — Böhm. Landes-Arch. Cop. a. d. Min. d. Innern. I. A. 2. — Die Ausnahmen wurden gemacht für die Hoflieferanten: Rad und Hößlein, Silberjuweliere; Kloninger, Tuch-, Seiden- und Livréezeugmacher und den Spécereilieferanten Veronese, der besonders mit der Lieferung von italienischen Weinen betraut war.

zu schaffen; schon Ende Januar reiste zu diesem Behufe der Hofquartiermeister mit zwei Hofsourieren in die böhmische Landeshauptstadt.

Diese Schwierigkeit war um so größer, als doch die verschiedensten Rangstufen ihrer Würde entsprechend untergebracht werden mußten und man damals noch in dieser Hinsicht weit empfindlicher war als heut zu Tage. An eine Heranziehung der Gasthöfe war bei dem damaligen zu primitiven Zustande derselben kaum zu denken und so mußte man froh sein, wenn zahlreiche Aristokraten ihre Palais theilweise zu diesem Zwecke hergaben, was auch nicht immer der Fall war;¹) für die übrigen wurden dann oft zwangsweise Quartiere requirirt.²) So wehrten sich die Mitglieder der Prager Stadträthe entschieden gegen eine solche Einquartierung, was ihnen freilich nicht viel nützte. Anderseits lag die Gefahr nahe, daß speculative Hausbesitzer ihren Inwohnern kündigen könnten, um ihre Wohnungen bei dieser Gelegenheit besser zu verwerthen; dagegen mußten auf kaiserlichen Befehl besonders die Prager Beamten geschützt werden; ebenso aber auch die Wiener, die nicht berechtigt waren, ein freies Quartier zu erhalten, davor daß sie übervortheilt wurden; für diese Zwecke wurde eine eigene Commission eingesetzt. Strenge wurde darauf gesehen, daß nicht etwa Juden diese Zustände benützten und sich in christlichen Häusern einmietheten — eigens wurde dabei darauf hingewiesen, daß ja die Juden „ohnedem ihre eigene Stadt haben". Eine Ausnahme machte man nur für die Hofbanquiers und zwar für Löw Sinzheimer, für Simson Wertheimer und seinen Sohn Wolf „in Ansehung, daß dieselben verschiedene auch zu Unserer Majestät und des publici Diensten gereichende Negotien zu verrichten hätten", dann noch für den Hofjuden Hirschl;³) daß es in den betreffenden Quartieren auch an entsprechender Möblirung nicht fehlte, auch dafür wurde gesorgt.⁴) Ebenso dafür, daß die Fremden in keiner Weise überhalten würden, so z. B., daß die Lehnwagenbesitzer diese Gelegenheit nicht benützten: da die Futterpreise nach

---

1) So verweigerte das z. B. Fürst Lobkowitz.
2) Der Hofstaat wurde großentheils im Levenehr'schen Hause auf dem Pohořeletz, die böhm. Kanzlei im Palais Kinsky untergebracht.
3) Siehe über diese Banquiers Mensi, Die Finanzen Oesterreichs. S. 144 ff.
4) Kais. Rescript an die böhm. Statth. 7. März. Prager Statth.-Arch.; Lib. Decret. 767, 23. März; 338, 20. u. 27. Mai; 707, 16. Juni. Dem Cardinal Schrattenbach, Bischof von Olmütz, wollte die Wiener Com. überhaupt „ob malam consequentiam" gar kein Quartier anweisen; auf besonderen Wunsch des Kaisers, der viel Werth auf die Anwesenheit des Carb. legte, geschah es dann doch.

wie vor billig seien, so sollten sie wie bisher nur fl. 1.30 oder höchstens 2 fl. per Tag für ihr Fuhrwerk fordern dürfen.¹)

Eine große Sorge des Kaisers war, daß durch den Fremdenzufluß das Leben nicht vertheuert würde, immer wieder schreibt er: „auf diesen Punkt vor Allem wohl und fleißig zu reflectiren, damit die Lebensmittel in billigen Preis bleiben."²) Das war überhaupt einer der wichtigsten und schwierigsten Punkte, diese Versorgung der Prager Städte mit Lebensmitteln. Die Aufführung der Victualien, die zu den kaiserlichen Mahlzeiten auf der Reise benöthigt worden waren, dürften dem Leser bereits einen Begriff gegeben haben von den damaligen culinarischen Bedürfnissen. Zu den Mitgliedern des Hofes und Hofstaats sollten noch so und so viele Cavalliere, Landbewohner, Fremde kommen, die zu den Krönungen hinzuströmen würden; und alle diese waren nun gut zu versorgen, ohne daß eine wesentliche Preissteigerung eintreten durfte. Aber auch für die spätere Zukunft wollte der Kaiser Vorsorge getroffen wissen, damit nicht etwa im Winter nach der Krönung Mangel an Lebensmitteln einfiele. Was mit Verordnungen zu machen war, und das war in jener Zeit der Staatsbevormundung nicht wenig, geschah nun von Seiten der zuständigen Behörden.

Die erste Sorge bestand darin zu untersuchen, auf welche Art es möglich sein werde, die nöthigen Lebensmittel überhaupt nach Prag zu schaffen; die verschiedensten Fragen wurden bei dieser Gelegenheit aufgeworfen: ob nicht die Ausfuhr aus Böhmen nach der Oberpfalz und Chursachsen verboten und im Gegentheile für die Einfuhr aus diesen Ländern vorgesorgt werden sollte, ob Brod und Fleisch nicht ohne Abgabe in die Prager Städte hereingelassen werden könnte? u. a. m. Werth wurde darauf gelegt, daß für das sogenannte rauhe Futter³) („woran um Prag zuweilen einiger Abgang zu sein pflegt") rechtzeitig gesorgt werde, ebenso auch für genügende Mehlvorräthe (da wird ausdrücklich bemerkt, „daß in Prag weder das feine Mundmehl noch auch der Gries zu bekommen ist"⁴). Ja die Wiener Commission hegt auch den Verdacht, daß die böhmische Kammer diese Gelegenheit benützen möchte, um das Ungeld

---

1) Lib. Decret. 707, 16. Juni.
2) Eigenhändige Notiz des Kaisers zum Vortrage der böhm. Hofl. 1. Jan. Böhm. Landes-Arch. Copie a. d. Min. d. Inn. — Dann kais. Rescript an die böhm. Statth. 11. Jan. Prager Statth.-Archiv.
3) Stroh, im Gegensatze zum glatten Futter: Heu und Hafer.
4) Cod. 1049, fol. 70 v.

oder die Mauthen zu steigern.¹) Es konnte aber bald ermittelt werden, daß alle diese Besorgnisse unbegründet und besondere Präventivmaßregeln überflüssig sein würden, da alle in Betracht kommenden Factoren, die Fleischhauer, Fischhändler, Kaufleute, Gärtner, Holzhändler hoch und theuer versicherten, für alle Bedürfnisse aus Böhmen und den anderen Erbländern aufkommen zu können; und thatsächlich ist weder während noch nach dem kaiserlichen Aufenthalte eine Klage zu hören gewesen über Mangel oder Theuerung, einzig allein beim Verkaufe des Kalbfleisches mußte ein Zuschlag gestattet werden. Frühzeitig wurde besonders für Aufhäufung großer Mehlvorräthe gesorgt.²)

Freilich wurden diese Dinge auch durch eine am 1. Mai 1723 ins Leben gerufene, mit äußerster Strenge durchgeführte Markt-Ordnung geregelt, aus der hier nur das, was auf allgemeineres Interesse Anspruch erheben darf, mitgetheilt werden soll.³) Streng wird schon in der Einleitung zu derselben auf die Nothwendigkeit hingewiesen, daß im Lande selbst die Victualien nicht durch „Aufkauffere", insonderheit von den wucherischen Juden zusammengekauft würden, sondern alles zum Verkaufe nach Prag geführt, und hier auf den dazu bestimmten Märkten verkauft werden solle. Und zwar haben dabei die Prager Einwohner sowie die mit dem kaiserlichen Hoflager und auch sonst gekommenen Fremden das Vorrecht ganz allein, im Winter bis elf Uhr, im Sommer bis 10 Uhr „deutschen Schlags" einkaufen zu dürfen.⁴) Alle Victualienhändler, Höker ꝛc. dürfen sich während dieser Zeit bei strenger Strafe nicht auf den Märkten sehen lassen und können erst nach Ablauf derselben ihre Einkäufe machen. Höker und Hökerinnen, dann die sogenannten Kracksenträger oder Krosnarži, die in der Umgebung von Prag auf den Dörfern Feilschaften anzukaufen pflegen, müssen sich durch ein vom Magistrate erhaltenes sichtbares Zeichen kenntlich machen. Strenge Controle wird bei den Thoren über die ein- und ausgehenden Victualien gehalten, jedem Händler ist das auf seinem Marktzettel genau zu vermerken. Damit

---

1) Kais. Rescr. an die böhm. Statth. 11. Jan. Böhm. Statth.-Arch.
2) Lib. Decret. 86, 2. Sept. Städt. Arch. — Bericht der Krönungs-Com. an die böhm. Statth. 11. März. Land.-Arch. Cop. a. d. Min. d. Inn. — Ein weiterer Aufschlag ist noch auf ausländische Weine eingeführt worden, und zwar ein solcher von 4 fl. auf französische und spanische, und von 3 fl. auf Weine aus dem Reich. Land.-Arch. Cop. a. d. Reichsfinanzarch. 22. April.
3) Erlaß d. böhm. Statth. an die Prager Magistrate. 12. März; Statth.-Arch.
4) „Deutscher Schlag" bezeichnet die 12stündige Zeitrechnung, im Gegensatze zur italienischen 24stündigen.

diese Krackſenträger aber nicht vor den Stadtthoren den Bauern, die zum Markte gehen, auflauern und ihnen ihre Sachen abſchwaßen, ſind auf Koſten der drei Städte (die ja auf dieſe Art ihre Victualien billiger bekommen) „Ueberreiter" zu halten und in Eid zu nehmen, die dann im Umkreiſe von einer Meile um Prag ſolchen Unfug hintanzuhalten haben.¹) Von den Herrſchaften eingebrachte Waaren ſind mit Paſſirſcheinen, von den Herrſchaftsbeamten ausgeſtellt, zu verſehen.

Beſonders muß man die Fleiſchhauer ſchüßen; im ganzen Lande ſoll verkündigt werden, daß das Vieh in gutem Futter zu halten ſei und nur nach Prag verkauft werden ſolle. Eventuell iſt aber auch auf Bezug aus Ungarn und Polen Bedacht zu nehmen. Das eingetriebene Vieh darf nach dem Privileg Carls IV. nur auf dem Viehmarkte der Prager Neuſtadt²) verkauft werden, und zwar darf da bis 12 Uhr mittags

---

1) Lib. Decret. 106. Städt. Arch. Anbei der von zwei ſolchen Ueberreitern am 12. Mai abgelegte Eid:

Ich Franß Antoni Schro (?) und Ignati Johann Woſchatka, Bürger der königl. alten Stabt Prag, ſchweren Gott dem Allmächtigen, der gebenedeuten von der Erb-Sünd unbefleckten Mutter Gottes und allen lieben Heiligen, daß Ich bey dem vermög des von Einem hochlöbl. königl. Gouverno ergangenen gnädigen Decreti mir aufgetragenen Ueber Reiters dienſt, die vor denen Altſtadter Thoren nemblich Spittel und Neuen Thor auf eine Meyl ſich erſtreckende Straßen und Neben-Wege ſtets bereithen die darinnen liegende Wirthshaus und Weingarten öfters viſitiren, und alle Vorkaufflereyen der Victualien oder Eßwaren zu verhutten, genaue Obſicht tragen, denen jenigen aber, welche in beſagter Meyl erweißlich etwas erkauffet hetten, ohne Diſtinction contrabantiren und nach Abzug der einen helffte, ſo nach fürgegangener erkantnus der über die königl. Prager Städte ex Gremio Regiae Locum tenentiae conſtituirten Hoch löbl. Victualien Commiſſion mir in natura gelaſſen wurde, als dann die andere helffte denen herren Stadt-Victualien Commiſſariis binnen 24 Stunden unfehlbar und bey verluſt meines dienſtes behändigen, auch anbey derley übertrettere mit nahmen anzeugen, anſonſten aber wegen der Krakſentrager oder Kroſenarzi, zu was für Zeit ein oder anderer auf das Land gegangen? umb denen ſelben beſſer zu invigiliren, nicht nur mit denen Stadtthorſchreibern genaue Correſpondenz halten, ſondern auch obermelbter Reſpectu der Victualien angeſtellten hoch löbl. Haubt Commiſſion von brey zu brey Tagen eine relation abſtatten, und da ein Caſus von einer Wichtigkeit ſich ereignete, ich ſambt dene ergriffenen Verſchwarzer bey ſothaner Haubt Commiſſion mich alſogleich geſtellen und dem baſelbſtigen Ausſpruch mich unterziehen, auch ſonſten in allem gehorſamblich getreu und fleißig mich verhalten will und ſoll, anderſt nicht thuende, weder umb Gunſt noch ungunſt, forcht, geſchänk oder einiger Urſachen willen. So wahr uns helffe Gott der Allmächtige die gebenedeute von der Erbſünbt unbefleckte Mutter Gottes und alle liebe heyligen. Amen.

2) Jeßt Karlsplaß.

niemand die Prager Fleischhauer und christlichen Inwohner „irren"; die Fremden und die Juden dürfen erst nachmittags kaufen. Ausnahmsweise wird mit kaiserlicher Erlaubniß aber auch gestattet, an Montagen bereits geschlachtete Kälber, Lämmer, Schöpsen und Zickeln getheilt zu verkaufen gegen Entrichtung des gewöhnlichen Fleischkreuzers und der halben Fleischimpost; auf keinen Fall darf aber Rindfleisch auf diese Art eingebracht werden,[1]) wobei besonders auf die Liebe'ner Juden zu achten ist.

An Jagdtagen soll Alles Schwarz-, Roth- und Federwild nach Prag hereingebracht und auf den bestimmten Plätzen verkauft werden.

Wegen der Fische haben namentlich die Hauptleute der Prachiner und Bechiner Kreise[2]) Auftrag bekommen, zu sorgen, daß Alles dort Gefischte nach der Hauptstadt geliefert und am Altstädter Fischmarkte verkauft werde. (Gesalzene und gedörrte Fische dürfen nur auf der Neustadt in Handel gebracht werden.) Beim Fischverkaufe ist auch besonders wieder auf die Juden zu vigiliren, sie sollen erst nachmittags sich versorgen dürfen, da, wie geklagt wird, sonst für die Christen kein guter Fisch mehr übrig bleibt.

Der Vorverkauf von Schildkröten, Aalen, Krebsen, Lachsen in Bubna, Lieben, Podol, Wischehrad und auf den Inseln soll auch durch die Ueberreiter hintangehalten werden. Besondere Aufmerksamkeit verdient der Lachs; wenn am Thore dieser König der Fische anlangt — ausgenommen er gehört einem Adeligen — so ist er durch einen Musquetier zu seiner besonderen Sicherheit bis auf den Marktplatz zu geleiten.[3])

Brod und Mehl ist in reichen Quantitäten vorhanden; es kann sich da nur handeln für die Qualität zu sorgen; strenge muß überwacht werden, daß Korn und Weizen nicht mit Gerste vermischt wird; solchen Uebelthätern ist nicht nur mit der gewöhnlichen Strafe des „Korbes",[4]) sondern mit noch härterer zu drohen.

---

1) Diese Bestimmung wird am 14. Juli nochmals wiederholt. Lib. Decret. 76. Städt. Arch.
2) In diesen Kreisen befanden sich die großen Lomnitzer und Wittingauer Teiche dann fischreiche Flüsse, vor allem die Wottawa.
3) Der Kaiser war ein besonderer Liebhaber von Lachs; schon am 16. Febr. 1712 war den Leitmeritzer Fischern aufgetragen worden, jede Woche dem Landrichter wenigstens zwei Stücke für die kaiserl. Küche zu liefern. Statth.-Arch.
4) Bäckermeister, deren Waare für zu leicht befunden worden war, wurden zur Strafe dafür öffentlich in einem Korbe gelupft, oder auch ins Wasser getaucht.

Butter und Schmalz dürfen nach dem Gewichte im „alten Ungelde"¹) verkauft werden; man muß auch hier auf die Juden Acht haben, die da von Früh bis auf die Nacht herumvagiren.

Wegen der Zufuhr des rauhen und glatten Futters sind zwei Stroh- und Heuwagen städtischerseits zu errichten, und zwar die eine auf der Kleinseite, hinter dem Waldstein'schen Palais, die andere auf der Neustadt bei Sct. Heinrich, in dem sogenannten Engelsgarten; diese Maßregel richtete sich aber ausnahmsweise nicht gegen die gewöhnlichen Sündenböcke, die Juden, sondern gegen die Bauern „damit der Bauern Betrug in dem Heu- und Strohverkauf, welchen diese im Laden und Binden meisterlich zu üben gewußt haben, vermieden werde".²)

In den letzten Punkten befaßt sich diese Marktordnung noch mit der Holzversorgung der Städte.

Nachdem so vorgearbeitet worden war, konnte Anfang Juni der kaiserliche „Einkaufsler" in Prag einlangen, um seine letzten Vorbereitungen zu treffen und den Verpflegsdienst im Einvernehmen mit den Kreishauptleuten zu ordnen.³) Leider sind wir über den Verbrauch an Lebensmitteln in Prag in den nächsten Wochen nicht unterrichtet.⁴)

Es ist eben eine Bemerkung gemacht worden über die steten Beschwerden, zu denen die Juden — ob mit Fug oder nicht, läßt sich heute unparteiisch nicht mehr erweisen — Anlaß gegeben haben; es wird auch noch später gelegentlich der Handhabung der öffentlichen Sicherheit davon die Rede sein, hier soll nur ein specielles, auf sie gemünztes allgemeines Edict noch angefügt werden. Es heißt da: der Kaiser habe wegen seiner Hierherkunft resolvirt, daß wegen der allhiesigen Juden alles gute Einsehen getragen und solche in Schranken gehalten werden; die Judenstadt müsse abends zeitlich gesperrt und kein Jude dürfe ohne Special-Erlaubniß in das königliche Schloß eingelassen werden. Der gesammten Judenschaft ist aber dem Herkommen nach „ernstgemessen einzubinden", daß sie sich gegen die Christen, insonderheit gegen die hereingekommenen Fremden und zur kaiserlichen Hofstatt gehörigen Leute bescheiden aufführen, dieselben mit unhöflichen Worten nicht anfahren, bei Verkaufung ihrer Waaren sie nicht überhalten und die Käufer betrüglich hintergehen solle, sich von Frequentirung der christlichen Kaffee- und Wirthshäuser enthalte, am Hul-

---

1) Hinter der Teinkirche, der älteste Prager Markt.
2) Bericht vom 11. März. Landes-Archiv. (Cop. a. d. Minist. d. Inneren.
3) Lib. Decret. 706. 9. Juni. Städt. Archiv.
4) Eine einzige Notiz verräth, daß für die kais. Hofstatt wöchentlich achtzig Kälber geliefert werden müssen. Lib. Decret. 339, 13. Sept. Städt. Archiv.

bigungs- wie an den Krönungstagen aus der Judenstadt sich nicht verfüge, bei öffentlichen Zusammenkünften und bei Vernehmung von Actuum publicorum unter die Christen sich nicht menge, sich dann zeitlich in ihre Stadt begebe und also aller Gefahr und Verantwortung sich entübrige.[1])

Was die öffentliche Reinlichkeit anbelangt, so lag da in jener Zeit noch Vieles recht im Argen; Edicte darüber pflegten wohl häufig erlassen zu werden, allein genützt haben sie in der Regel nichts, nur bei besonderen Gelegenheiten, wie eben die Prager Städte sie im Jahre 1723 durchmachten, wurde mit größerer Schärfe auf ihre Beobachtung gedrungen. Frühzeitig wird von maßgebender Stelle den Stadthauptleuten „die Sauberkeit derer Gassen in allen Prager Städten und Nebenrechten, absonderlich wo der meiste Transitus ist" ans Herz gelegt. Besonders das jetzt zu einer Zeit — es war im Monate April — „in welcher das Erdreich sich zu eröffnen und durch die sehr unbeständige Luft einige unverhoffte Krankheiten hervorzubrechen beginnen." Als besonders säuberungsbedürftig werden bezeichnet der Graben, die Passage bei den Ursulinen, der Hradschin, Pohořelec und die Maltheser Jurisdiction; diese Straßen sollen gereinigt und gepflastert werden; auch wäre die Judenstadt zu säubern, dann sollen auch Straße und Platz vor dem Schlosse bis zur Kirche Scti. Benedicti, die man vor Schmutz oft gar nicht begehen könne, wenigstens in einer Breite gepflastert werden, daß 3—4 Wagen da neben einander fahren können. Dieser letztere Auftrag hat manche Schreiberei verursacht, indem der Hradschiner Magistrat ob seiner Armuth sich davon entschuldigen mußte und die Ausgabe hiefür schließlich von der Hofkammer selbst getragen wurde.[2])

Als höchst reparaturbedürftig stellte sich auch die Jesuitengasse dar; die Straße war, wie es überhaupt üblich gewesen, nur in der Mitte gepflastert, wobei sich eine Art von Rinne gebildet hatte; diese „üble und auch tiefe Rinne" mußte nun mit hartem Schutt, Schotter und Sand ausgefüllt und das ganze festgestampft werden, damit „das Pferd .. einen sicheren Tritt haben möge". Auch war da zu bemerken, daß viele „Dächel über den Läden und Gewölbern der Kaufleute und Handwerker, auch wie viel Professionsschilde .. von beiden Seiten gegen einander sehr weit von den Häusern in die Gassen reichen", so daß der Baldachin, unter dem der Kaiser bei seinem Einzuge hätte reiten sollen, gar nicht hätte durch-

---

1) Lib. Decret. 767, 11. Mai. Städt. Arch.
2) Lib. Decret. 905, 12. April. Städt. Arch.

passiren können; auch das mußte also genau untersucht, die Dächer, wo nöthig, abgethan, die Schilder zurückgezogen werden.¹)

Ganz besonderes Augenmerk wird von Seiten der Stadtpolizei darauf gerichtet, daß Mist und Kehricht von den Bewohnern nicht mehr einfach vor die Häuser geworfen werde; ein eigener Dienst von einspännigen Karren wird organisirt, sie hatten von Haus zu Haus zu fahren, den Kehricht wegzuschaffen und vor den Städten abzulagern — der Vorläufer unseres „Mistbauers". ²)

Es wird auch gerügt, daß auf dem Graben gegen den Pulverthurm zu „der Ablauf des Wassers ziemlich verschleimet, wie auch (dort) ein mit Gras ziemlich bewachsenes Plätzel zu sehen ist, welches aber in einer Stadt und bevorab am Orth eines öffentlichen, kaiserlichen Einzugs kein gutes Ansehen giebt". Gleichzeitig wurde auch aufs Neue eingeschärft, daß zu Vorsorge gegen Feuersgefahr in allen Häusern auf den Böden genügend Wasser vorhanden sein solle. ³)

Die oben gemachte Bemerkung über die Nutzlosigkeit solcher polizeilicher Befehle wird dadurch illustrirt, daß schon zwei Jahre vorher und zwar unter Bezugnahme auf frühere gleichartige Edicte den Magistraten der Städte angedroht worden war, man werde ihre Zoll- und Mauthgefälle sequestriren und zur Säuberung und Pflasterung der Gassen verwenden, wenn sie es nicht selbst besorgten,⁴) und trotzdem blieb jetzt 1723

---

1) Jul. M. Schottky, Prag wie es war und wie es ist, Prag 1831, 1. Bd. S. 170, bringt diesen Erlaß vom 11. Juni 1723 an den Altstädter Stadthauptmann in extenso.

2) Lib. Decret. 837, 29. Nov. Städt. Arch.

3) Lib. Decret. 706, 22. März, 12. und 22. April, 28. Juni; 837, 29. Nov. Städt. Arch. Bekanntlich war damals die Altstadt gegen die Neustadt noch durch einen Wassergraben abgeschlossen, der sich dort befand, wo heute der schöne breite „Graben", der daher seinen Namen bekommen hat, sich erstreckt. — Vielleicht darf hier noch ein Beitrag zur Geschichte der Reinlichkeit in Prag angeführt werden. Während der gewöhnliche Kehricht, wie aus Obigem erhellt, in der Regel einfach auf die Straße geworfen wurde, so war zur Wegschaffung der Fäcalien aus den Häusern damals ein eigener „Nachtfeger", Martin Leischner, bestellt, der dieselben nächtlich wegzuräumen hatte. Im Jan. 1723 beschwert sich derselbe, daß ihm in seinem Gewerbe Concurrenz gemacht werde, worauf aber die Statth. erklärt, daß unter Aufrechthaltung der diesbez. am 24. Aug. 1679 und 17. Sept. 1690 erlassenen Verordnungen jedem armen Christen oder Juden, der sich zu solcher Arbeit melde, dieselbe gestattet werden solle und Martin Leischner, der „gar zu Excessives zu exigiren pfleget", seine Concurrenten nicht stören dürfe. Lib. Decret. 767. 22. Jan. Städt. Arch.

4) Lib. Decret. 837, 15. Februar 1721, wiederholt am 22. April 1721, mit Bezug auf ähnliche Decrete v. 11. März 1716, 2. März 1717, 30. März 1718. Städt. Arch.

noch so viel zu thun. Auch die Befolgung dieser neuerlichen Anbefehlung ließ manches zu wünschen übrig, obwohl jetzt doch der Besuch des Kaisers einen unmittelbaren Anlaß dazu hätte geben sollen: noch im Juni, kurz vor der Ankunft der Majestäten, mußten die Neustädter sehr energisch zur Wegschaffung „der sich noch annoch hin und her blicken lassenden Unsauberkeiten, von Schutt, Mist und Kehricht vor den Häusern, dann des auf den Gassen und Plätzen vorfindlichen Holzes" gemahnt werden.[1]) Und auch der Altstädter Magistrat mußte erst noch zur Reparirung des kleinen Brückels über die Insel Campa, das man nur mit augenscheinlicher Gefahr betreten konnte, aufgefordert werden.[2]) Die Behörde äußerte sich sehr scharf darüber, daß solche heilsame Verordnungen nur „mit dem Rücken angesehen werden".[3])

Aber auch die öffentliche Sicherheit gab Anlaß zu mancherlei Klagen. In Wien war man frühzeitig auf diesen bei der Anwesenheit des Kaisers und der Kaiserin doppelt wichtigen Punkt aufmerksam geworden. Die wegen der Reise eingesetzte Commission hatte in ihrer ersten Sitzung erwogen, daß „weil in Prag viele muthwillige Studenten und die Menge der Juden sich befinden, auch viele zaun- und zuchtlose Livréebediente und andere dem Hof nachgehende Leute von allerhand Nationen dahin kommen werden, die Stadt aber mit keinen Nachtlichtern versehen, noch auch wegen der Größe versehen werden kann", die Hineinlegung einer guten Garnison und auch sonst gute militärische Vorkehrungen zu treffen wären.[4]) Und die böhm. Hofkanzlei spricht sich wenig später auch dahin aus: „die Stadt ist sehr weitläufig, anbei mit einer Menge Juden angefüllet, welche eine sentina scandali et malorum, folglich allem Uebel den Unterschluppf zu geben gewohnet sind; die Studenten sind auch öfters dissolut und dörfte auch sonst viel müssiges Volk dahin ziehen", daher sei es wohl nöthig neben dem in Prag in Garnison liegenden Regimente Sickingen noch ein Paar Grenadier- und Fußcompagnien, auch ein Paar Compagnien zu Pferd dort zu caserniren; das ist dann geschehen; vom Regimente Herberstein wurden einige Compagnien zu Fuß und von Caraffa Cürassiere nach Prag geschickt.[5]) Ein ziemlich gleichzeitig in Prag geschehener Vorfall hatte wohl die besondere Aufmerksamkeit der Wiener

---

1) Lib. Decret. 339, 11. Juni. Städt. Arch.
2) Lib. Decret. 767, 21. Juni. Städt. Arch.
3) Lib. Decret. 837, 14. Juli. Städt. Arch.
4) Cod. 1043. Fol. 4 v.
5) B. Hofkanzlei an den Kaiser 23. Jan.; Böhm. Landesarch. Cop. a. b. Minist. b. Innern.

Behörden auf diesen Punkt gelenkt; es war ein Westfale, studiosus juris Precker, in der Nacht auf der Straße angefallen und im Getümmel ermordet worden; noch sonst waren „andere Insolentien und Ungelegenheiten von derley Nachtschweifern, so bald es nur gegen Abend gekommen, gestifftet, auch verschiedene Bürger und andere ehrliche Leute auf öffentlichen Gassen angegriffen, verwundet und beraubet worden".

Auch da konnte man bei der Ahndung solcher Vorfälle auf längst publicirte, aber nicht beachtete oder in Vergessenheit gerathene Verordnungen zurückgreifen, die nun in verschärfter Weise wieder verkündigt wurden. Alle Kaffee- und Gasthäuser waren im Winter um 9 Uhr, im Sommer um 10 Uhr zu schließen, Niemand durfte nach dieser Zeit Bier oder Wein ausschenken, noch weniger Musik, Spiele,[1]) Tanz rc. dulden. Die Bürgerwache sollte strenge darauf invigiliren und jeden dawider Handelnden „beim Kopf" nehmen. Niemand sollte des Abends oder des Nachts ohne Laterne ausgehen und solche, die es versäumten, sich damit zu versehen, konnten ebenfalls sofort in Arrest gebracht werden. Die Eltern und gesetzten Personen sollten wo möglich ihre Kinder und überhaupt die Hauseinwohner von „dem verbothenen, späthen, nächtlichen Auslaufen" zurückhalten. Bürger- und Militärwachen hatten fleißig die Stadt zu durchforschen.[2]) Thatsächlich scheinen besonders die mendicirenden Studenten, denen „die Absingung unnützer und eitler keine Auferbaulichkeit in sich enthaltender Lieder" vorgeworfen wird, und die Handwerker, denen wiederholt das Degentragen verboten werden muß,[3]) dann mancherlei hergelaufenes Volk wie Spadonisten[4]) rc. den meisten Anlaß zur Turbirung der öffentlichen Ruhe gegeben zu haben. Auch viel Bettlervolk gab es dazumal in den Städten, das nun wohl jetzt mit äußerster Strenge ausgewiesen und nach dem in den Häusern durch bestimmte Visitatoren, ein jeder für einige Straßen bestellt, gesucht werden sollte,[5]) mit Ausnahme freilich der städtischen armen „Preßhaften", für die eigens dazu bestimmte, ausgewählte Leute, mit Abzeichen nach den Stadtfarben versehen, Almosen zu sammeln hatten.[6])

---

1) Am 19. April wurden frühere Verordnungen wegen des Verbots des hohen Spielens überhaupt wiederholt. Lib. Decret. 767. Städt. Arch.
2) Lib. Decret. 767, 4. Jan. ebda.
3) Lib. Decret. 837, 7. Nov. 1721; ebda.
4) Lib. Decret. 837, 9. Jan. 1722; 706, 22. April 1723. Städt. Arch.
5) Lib. Decret. 767, 28. Aug. Städt. Arch.
6) Lib. Decret. 86, 18. Juni: da zu benöthigter Unterhaltung deren hierseits gelegten Preßhaften und mit offenen Leibesschaden behaffteten Personen bestelte

In die Wirksamkeit der Patrouillen wird man nicht viel Vertrauen setzen dürfen, wenn man hört, daß der Commandant Graf Sickingen sich darüber beklagen mußte, daß im Sommer die Wachtstuben von den Magistraten nicht mit Kerzen, wie im Winter, betheilt wurden, so daß der Wachtofficier sich dieselben aus Eigenem anschaffen oder — im Dunkeln sitzen müsse; das letztere scheint wohl öfters vorgekommen zu sein, denn der Graf weist auf das Mißliche hin, wenn ein Arrestant nicht erkannt würde oder die Wache in Folge der Dunkelheit, wenn ein Auflauf unvermuthet entstünde, erst mit „gefährlicher Langsamkeit" ins Gewehr treten könnte.[1])

Weitere Maßregeln im Interesse der öffentlichen Sicherheit und Ruhe waren noch, daß Fremde, die mit der Post ankamen und keine besonderen Legitimationen hatten, sofort den Stadthauptleuten angezeigt und von diesen besonders beobachtet werden mußten. Auch wurde den Prager Adeligen anheim gestellt, ihre Bedienten mit den fremden nicht verkehren zu lassen.[2])

Allen diesen Dingen, dabei auch anderen Seiten des Nachtlebens einer Stadt hatten jetzt die Stadthauptleute, als zunächst dazu berufene Organe, ihre Aufmerksamkeit zuzuwenden. In Vielem wird es auch da nicht viel anders geworden sein, aber in einer Hinsicht bildete doch die Kaiserreise von 1723 einen bedeutsamen Wendepunkt in der culturellen Entwicklung der Prager Städte.

Wenn die Wiener Hofcommission sich zur Bemerkung berechtigt geglaubt hatte, daß Prag zu weitläufig sei, um mit einer Straßenbeleuchtung versehen zu werden, so wurde sie Lügen gestraft durch die Maßnahmen der Prager Stadthauptleute. Es wurde beschlossen, wenigstens auf dem Hauptstraßenzuge, der durch die innere Stadt auf das Schloß führte, d. i. vom Pulverthurme durch die Zeltnergasse, über den Altstädter Ring, dann durch die Jesuitengasse über die steinerne Brücke, durch die Brückengasse und Spornergasse bis zum Schlosse eine Nachtbeleuchtung einzuführen. Eingestandenermaßen noch mehr zur Decoration, als zur Ver-

---

Sammler mit besonderen Zeichen und Sparbüchsen bereits versehen sind, wie man nun hierorths zu deutlicherer Abnehmung des Unterschieds von anderen Bettlern vorträglich zu sein befunden hat, wan berührte Sammler pro Differentia einer jeden Stadt gebräuchlicher Farbe in einem Rock von Zwillich gekleidet werden möchten. — S. dazu noch die Bettlerordnung vom 29. Nov. 1723. Lib. Decret. 767, Fol. 380 ff. Städt. Arch.

1) Lib. Decret. 767. 25. Juni, Städt. Arch.
2) Lib. Decret. 905, 14. Juni u. 706, 16. Juni, Städt. Arch.

schaffung der Stadtsicherheit sollten auf diesem Wege 180 Laternen angebracht werden.¹) Zur Füllung und Speisung derselben wurde auf der Kleinseite, nächst dem Brückenthurme, ein „Laboratorium" eingerichtet, woselbst zwei Kessel mit dem nöthigen Materiale, Insclt und Speck, aufgestellt wurden. Die Besitzer der Häuser, an denen die Laternen angebracht waren, dann der Altstädter Magistrat für die steinerne Brücke und der Hradschiner für den Schloßweg, sollten nun jeden Tag zwischen zwei und vier Uhr die Laternen in das „Laboratorium" schicken, wo die hergebrachten leeren gegen bereits gefüllte auszutauschen waren. Die so hergerichteten Beleuchtungskörper waren dann von den genannten Eigenthümern, die sich dazu mit sechs Ellen langen Leitern zu versehen hatten, (auf dem städtischen Grund und Boden durch zwei „bescheidene, gutte und nüchterne Leute") zu einer nach den Jahreszeiten variablen Stunde — zwischen halb fünf und neun Uhr — anzuzünden; der Anbruch dieser Zeit wurde durch ein viertelstundenlanges Läuten an den Rathhäusern der betreffenden Städte angezeigt. Auch waren Visitatoren damit beauftragt, während der Nacht nachzusehen, ob nicht ein oder die andere Laterne ausgelöscht sei, sie wieder anzuzünden, zu putzen, oder bei Tagesanbruch die noch glimmenden auszulöschen.

Bei dem, wie erwähnt, in der Stadt befindlichen „muthwilligen" Theile der Bevölkerung mußte dies neue, vielleicht nach Mancher Ansicht ganz überflüssige Object geradezu zur Einmischung in sein stille schwälendes Dasein reizen und vorsorglich deckte man sich gegen solch schreckliche Eventualität. Es wurde decretirt, daß „solch verwegner Actus aber des Publici um so mehr und empfindlicher zu bestrafen wäre, als mehr besagte Laternen zur Ihrer k. u. k. Majestät allerunterthänigster Veneration ausgestellt, andererseits aber auch zu Jedermanns Bequemlichkeit dienlich sein werden." Daher ein Jeder, der erwischt würde, mit ein Hundert Gulden in Strafe zu nehmen, oder aber mit 4 Wochen Schanzarbeit zu strafen sei. Auch darauf hatten die Patrouillen besonders zu wachen. Am 28. Juni, am Vorabende des Peter- und Paulfestes 1723, wurde diese Beleuchtung zum ersten Male in Stand gesetzt.

---

1) Com.-Bericht darüber vom 11. Juni, worauf am 17. Juni die Stadthauptl. von der Statth. die betreffenden Weisungen erhalten. Dazu „Specification deren zu Ihrer k. u. k. Maj. allerhöchsten Ehren aufgestellten Latternen". Die Kosten für eine Laterne werden mit 8·45 fl. berechnet, die Unterhaltung derselben im Winter mit 2 kr., im Sommer mit 1 kr. Statth. Arch. — S. a. Schottky, Prag, wie es war ꝛc., Bd. 2, S. 367.

Diese verschiedenen polizeilichen Vorkehrungen mögen sich nun während der Anwesenheit des Kaisers in Prag bewährt haben, wenigstens wurde von Carl VI. der Wunsch ausgesprochen, sie sollten auch nach seiner Abwesenheit fortgesetzt in Kraft erhalten werden. Das Publicum scheint aber dafür nicht das nöthige Bedürfniß gespürt zu haben, denn schon im November desselben Jahres mußten alle polizeilichen Verordnungen wegen der Polizeistunde, der nächtlichen Aufläufe und der Bettelei wiederholt werden und wenige Tage später mußte auch den Einwohnern vorgehalten werden, daß auch ohne kaiserliche Anwesenheit die nächtliche Beleuchtung der Straßen wünschenswerth sei — die Lampen wurden nicht mehr abgeholt oder nicht angezündet, und wenn sie nicht brennen wollten, durchaus nicht dazu gezwungen.[1]) Immerhin ist aber seit diesem Jahre die Beleuchtung im nächtlichen Prag nicht mehr ganz erloschen.

Es wird noch mit einigen Worten sonstiger Vorkehrungen in und um Prag anläßlich dieser Kaiserreise zu gedenken sein.

Zunächst galten sie der Herstellung des Prager Schlosses;[2]) schon zwei Jahre vorher, als die Kaiserin nach Carlsbad gereist war, hatte die böhm. Hofkammer submissest auf den Zustand des Hradschiner Schlosses hingewiesen, der derartig schlecht sei, daß man ohne Gefahr dort nicht wohnen und auch kein Gefolge unterbringen könne; schon damals war unter Leitung des kais. General-Baudirectors Grafen Gundacker von Althan eine gründliche Reparirung begonnen worden; sie war nur langsam vorwärts gediehen und mußte jetzt angesichts der Kaiserreise gewaltig beschleunigt werden. Wir besitzen die Rechnungen für diese Reparaturen und ersehen daraus, daß sie ziemlich umfangreich gewesen sein müssen und daß fast alle Handwerker daran betheiligt gewesen sind, der Gesammtaufwand betrug dafür über 66.000 fl. Der nothwendigen Instandsetzung folgte dann die Ausschmückung der Säle und Gemächer; der große Saal, in dem die Krönungstafel stattfinden sollte, wurde mit marmorirten Säulen und herumlaufenden Gängen sowie schönen Drappirungen geziert, die für die kaiserl. Herrschaften bestimmten Räume mit carmoisinroth damastenen Tapeten ausgeschlagen, auch sonst die Möbel, Tische mit goldverziertem Sammet bedeckt, ein besonderes Spiegelzimmer für die Kaiserin in geblümtem Sammet hergerichtet; auf dem Platze neben der Reitschule wurde ein vollständiges Theater aufgestellt für die musikalischen Aufführungen, von denen noch zu sprechen sein wird — das Alles abgesehen natürlich von

---

[1]) Lib. Decret. 767, 29. Nov., 2. Dec. Städt.-Arch.
[2]) Für folgendes wieder Cod. 1043, passim.

den besonderen Vorrichtungen in der Domkirche, den Gängen zwischen dieser und dem Schlosse und in der Landtagsstube für die feierlichen Acte selbst.

Aber auch die übrigen kaiserlichen Schlösser in Böhmen mußten mit mehr weniger Kosten in Stand gesetzt werden, da der Kaiser theils auf der Reise, theils von Prag aus die meisten zu besuchen gedachte: so in Pardubitz, Kladrub, Podiebrad, Kolin, Przerow, besonders aber das Brandeiser. Hier sollte ja vor Allem dem Jagdvergnügen, dem Carl VI., wie fast alle Habsburger, leidenschaftlich huldigte, nachgegangen werden. Auch in dieser Hinsicht war vieles nachzuholen, da der ganze Jagdpark in Brandeis „völlig zusammengegangen" war; der Oberforstmeister der Herrschaft, Herr von Ottenfeld, mußte rüstig schaffen, um nur das Nöthigste wieder herzustellen. Um dem Kaiser bei dem Besuche des Brandeiser Schlosses einen großen Umweg zu ersparen, wurde bei Holleschowitz eine eigene Brücke über die Moldau geschlagen, zu der der Oberstjägermeister Graf Clary einen besonderen Schlüssel erhielt. Ebenso mußte, um den Besuch der Herrschaften Zbirow, Totschnik und Königshof zu erleichtern, über die Beraun eine Brücke geschlagen werden, da man sie sonst bei seichtem Wasser durchfuhr, bei hohem auf Pramen übersetzte.

Sohin waren, als Carl VI. und Elisabeth Christine am 30. Juni 1723 ihren feierlichen Einzug in Prag hielten, alle Vorbereitungen vollendet, die in nicht geringem Maße nothwendig gewesen waren, um die Majestäten in würdiger Weise empfangen und aufnehmen zu können.

III.

Der Monat Juli wurde zunächst von den kaiserlichen Herrschaften ruhig in Prag verbracht, eine Ausnahme verursachte nur die erste Hirschjagd, die der Kaiser in Przerow abhielt.[1]) Am 27. d. fanden die Exequien für den am 4. Juni verstorbenen Erbprinzen von Lothringen, Clemens, statt, der bekanntlich zum Gatten der Erzherzogin Maria Theresia bestimmt gewesen war; bei ihnen mußte der gesammte Adel in schwarzem Tuch oder Zeug erscheinen, aber so, daß keine Seide zu sehen war.[2]) Am 5. August fand in Lana beim Grafen Waldstein eine große Jagd statt, am 10. dann in Horzowitz eine mehrtägige gesperrte Jagd, zu der schon vorher von Brandeis ein Wagenpark von 68 Wagen mit über 300 Pferden

---

1) Hiefür und für das folgende s. Diarium der keyserl. Reiß ꝛc. Cod. 1043, Fol. 154 ff.
2) Lib. Decret. 86, 11. August, Städt. Arch.

dirigirt worden war.¹) Hier traf auch der fünfzehnjährige Erbprinz Franz Stephan von Lothringen ein, den man an Stelle seines Bruders zum Gemahle der Erbfürstin aus dem Hause Habsburg auszuersehen gedachte.²) Nach dem Ende der Jagd kam der Prinz mit dem Kaiser nach Prag, um hier alle folgenden Festlichkeiten mitzumachen, und bei dieser Gelegenheit seine künftige Gemahlin, die kleine Prinzessin Maria Theresia, kennen zu lernen. Weitere Jagden in Chlumetz und Pardubitz folgten im Laufe des Monats. Am 28. August wurde der Geburtstag der Kaiserin in solenner Weise gefeiert durch Hochamt und Galacour; zugleich wurde Urbi et Orbi verkündet, daß Ihre Majestät sich bereits im dritten Monate gesegneten Leibes befinde, eine für Oesterreich damals wirklich hochwichtige Nachricht: hätte doch das Erscheinen eines männlichen Leibeserben alle mühsam geschlossenen und unsicheren Staatsverträge wegen der Thronfolge der Tochter und ihrer Anerkennung durch die auswärtigen Mächte überflüssig gemacht. Man begreift daher leicht die Aufmerksamkeit, mit welcher auch fremde Beobachter, wie Donado, die Peripatien der letzten Wochen, das öftere Unwohlbefinden der Kaiserin, Abwesenheit von der Jagd und damit Trennung vom Kaiser — non solito a dividersi dal suo fianco — registrirten.³) Diesen Freudentag beschloß eine große Opernaufführung auf dem neuen Schloßtheater, zu der man noch Costüme, dann Musiker und Tänzer aus Wien hatte nachkommen lassen.⁴) Die Musik zu dieser Oper, die nach dem Wahlspruche des Kaisers den Titel „Costanza e fortezza" trug, war von dem berühmten Hofcapellmeister Johann Josef Fux componirt worden; der Text war von P. Pariati. Derselbe schilderte die Kämpfe des Porsenna gegen Rom mit den Episoden des Horatius Cocles, des Mutius Scaevola, der Cloelia. Reiche Gelegenheit zur Entfaltung von Aufzügen war gegeben durch die Heereslager der Etrusker und Römer, durch die Gesänge der Tibernymphen, Geister, Tänze der Priester, Penaten ꝛc., auch konnte der Flußgott Tiber seine Burg aus einer großen Wassersluth sich erhebend zeigen und damit dem Theateringenieur Bibiena Gelegenheit geben, seine Geschicklichkeit zu bekunden. Abgesehen von den Wiener Künstlern, waren Chor, Capelle, Comparserie durch Prager Schüler, Studenten, fremde Musiker verstärkt, deren manche, wie

---

1) Lib. Decret. 767, 23. Juli, Städt. Arch.
2) Nicht in Brandeis, s. Arneth, Maria Theresias erste Regierungsjahre, Bd. I. S. 10; Donabo, 17. Aug. W. A.
3) 10. und 17. Aug. W. A.
4) Arrangirt wurde sie vom kais. Opern Appaltator Heimmerl, mit dem Ingenieur Bibiena; er erhielt dafür 44.426 fl. Cob. 1043, Fol. 86.

der Flötist Quanz, nur mitwirkten, um auf diese Art die glanzvolle Aufführung zu sehen. Die Vorstellung währte von 8 Uhr Abends bis 1 Uhr Nachts und verlief unter Leitung des Capellmeisters Caldara und der Sängerinnen Borrosini und Ambreville, des Contrealtisten Orsini, der Sopranisten Domenico und Carestini u. a. m. in glänzender Weise. Der Hof und die Menge des anwesenden Adels zeigten sich entzückt über den Reichthum der Beleuchtung, die Kostbarkeit der Kleider, die auserlesene Musik, die zierlichst ausgeführten Tänze, und in der That scheint diese Oper über ähnliche Gelegenheitscompositionen weit hinausgeragt zu haben.

Auch ausübende Künstler aller Art waren zu diesen Festlichkeiten herbeigeströmt, wie der berühmte Violinist Giuseppe Tartini mit seinem Freunde, dem Cellisten Ant. Vandini, dann der erwähnte Joh. Joach. Quanz mit dem Lautenisten Leop. Weiß und dem späteren Capellmeister Graun.[1]) In den Prager Städten wurden ebenfalls Theatervorstellungen veranstaltet, es waren damals eine italienische Komödientruppe unter Tommaso Ristori im Manhart'schen Hause in der Zeltnergasse und eine Operntruppe im gräfl. Sporck'schen Theater in der Herrengasse anwesend.[2])

Am 31. August kam die Kurprinzessin von Sachsen, Maria Josepha, eine Nichte des Kaisers, Tochter Kaiser Josephs I., in Prag an, um die bevorstehenden Festlichkeiten mitzumachen,[3]) worauf am 2. September ihr zu Ehren eine Wiederholung der Opernvorstellung veranstaltet wurde; eine dritte Aufführung scheiterte an der Ungunst des Wetters.

Daß aber neben Jagden und Festlichkeiten auch die Arbeit nicht vergessen ward, dafür bürgt des Kaisers Fleiß und der Umstand, daß ja der ganze Regierungsapparat in Prag concentrirt war. Hier wurden einige höchst wichtige Maßnahmen gefaßt, wie beispielsweise die Einsetzung des Mercantil-Collegs in Böhmen.[4])

---

1) Joh. Jos. Fux von Ludwig R. v. Köchel, Wien, 1872, S. 146/9, 193, 195, 209, 539, dann Beil. X S. 141/3. Das da angegebene Datum der Opernaufführung, 31. Aug., muß nach obigem corrigirt werden. Elisabeth Christine von Braunschweig-Wolfenbüttel war am 28. Aug. 1691 geboren.

2) Schottky, Prag wie es war x. Bd. 1. S. 221 und 398.

3) Ihr Gemahl, Erbprinz Friedrich August, begleitete sie nicht, weil er nicht hoffen konnte, mit denselben Ehren wie seine Gemahlin als österr. Erzherzogin ausgezeichnet zu werden und non volle restarue pregiudicato. Donabo, 31. Aug. W. A.

4) Pribram, Zur Geschichte des böhm. Handels und der böhm. Industrie im Jahrhundert nach dem westfälischen Frieden. Mittheil. des Vereines f. Geschichte d. Deutschen in Böhmen, 35. Jahrgang, S. 330 f. auch desselben

Am 4. September wurde dann die Reihe der feierlichen Acte, um derentwillen das Kaiserpaar nach Prag gekommen war, durch die Erbhuldigung der böhmischen Stände eröffnet.

Vorher darf vielleicht die Liste der böhmischen Landesofficiere und Inhaber von Erbämtern angeführt werden, da dieselben in den folgenden Tagen eine größere Rolle zu spielen hatten. Der Kaiser hatte speciell darauf gesehen, daß alle verschiedenen Aemter, von denen einige seit geraumer Zeit erledigt waren, wieder besetzt wurden; auch waren neue geschaffen worden. Oberstburggraf Joh. Jos. Graf von Wrtby, zugleich auch Erbschatzmeister; Oberstlandhofmeister Joh. Ant. Graf von Nostiz-Rhineck; Oberstlandmarschall Joh. Jos. Graf von Waldstein, zugleich Erbvorschneider; Oberstlandkämmerer Joh. Ernst Graf von Schaffgotsch; Landesunterkämmerer Herr Marquardt von Hradeck; Oberstlandrichter Joh. Franz Graf von Würben und Freudenthal; Oberstkanzler¹) Franz Ferd. Graf Kinsky auf Chinitz und Tettau, zugleich Erbhofmeister; Oberstlehensrichter Franz Jos. Graf Tschernin, zugleich Erbmundschenk; Appellations-Präsident Wenzel Kokořowetz Graf von Kokořowa; Böhm. Kammer-Präsident Sig. Val. Hrzan Graf von Harras; Oberstlandschreiber Herr Ploscheck von Schampach; Burggraf des Königgrätzer Kreises Joh. Franz von Goltz; Erbhofmeister s. Oberstkanzler, hatte keinen Substituten;²) Erbschatzmeister³) s. Oberstburggraf, sein Stellvertreter: Graf Franz Wilhelm von Wrtby; überdies war ihm speciell für das Ausstreuen der Gold- und Silbermünzen bei der Krönung noch Graf Jos. Franz Kokořowa beigegeben worden; Erbvorschneider s. Oberstlandmarschall, Subst.: Graf Joh. Anton von Waldstein; Erbmundschenk s. Oberlehensrichter, Subst. Graf Theobald Tschernin; Erbsilberkämmerer nicht besetzt, es hatte sich Niemand zu dieser Würde gemeldet, er wurde beim Decken der Tafel und Aufsetzen des Confects durch den kais. Oberstsilberkämmerer Grafen von Cavriani vertreten; Erbkuchelmeister Wenzel Wratislaw Graf von

---

Verf. Aufsatz ebda. 36. Jahrgang, S. 205. — Auch Anderes, wie die Ermäßigung des Silberaufschlags, Lib. Decret. 767, 5. Juli. Städt. Arch. — Dazu Bidermann, Oest. Gesammtstaatsidee, II. Abth. S. 74.

1) Der auf S. 6 angeführte Ob.-K. Graf Schlick war im April dieses Jahres gestorben und im Juni durch Graf Kinsky ersetzt worden.

2) Die Landesofficiere, die zugleich Erbämter verwalteten, hatten zur Ausübung der letzteren Function Stellvertreter, die zumeist der nächsten Verwandtschaft entnommen waren.

3) Dieses Amt war jetzt in Böhmen neu eingeführt worden. Lib. Decret. 767, 4. Juni Städt. Arch.

Mitrowitz; Erbtruchseß Hieronymus Graf von Colloredo, Gouverneur des Herzogthums Mailand, da derselbe abwesend war, so fungirte an seiner Stelle Stephan Wilh. Graf von Kinsky; Erbpanier des Herrenstandes Rud. Jos. Korjensky, Graf von Tereschau; Erbpanier des Ritterstandes Herr Wenzel Ernst Marquard von Hradeckh; da dieser aber in Folge von Unpäßlichkeit des Landschreibers das Scepter tragen mußte, so fungirte an seiner Stelle sein Sohn Franz Wenzel; Erbthürhüter Wenzel Sig. Carl Herr von Swarawa.

Mittels kaiserlichen Ausschreibens vom 23. Februar war der Landtag des Königreiches Böhmen auf den 4. September einberufen worden. Um 7 Uhr Morgens, nachdem bereits seit einer Stunde die große Set. Sigmunds-Glocke im Dome dazu dröhnend aufgefordert hatte, versammelte sich derselbe so zahlreich, „daß die innere und äußere Anti=Camera und die Ritterstuben angefüllt waren."[1]) Um 9 Uhr begab sich der Kaiser über den Schloßgang in feierlichem Aufzuge, unter Vortritt aller Landesstände, (meist in gespitzten Mantelkleidern mit reichen Bändern), und Begleitung der hohen Würdenträger in den Dom, wo der Dechant Řežický das Hochamt celebrirte. Nach Beendigung desselben schritt der Kaiser mit allen Anderen in den großen Wladislaw=Saal, der mit niederländischen „Tappezereien" ausgeschmückt war. Am Eingange hielten die Thorschützen Wache.[2])

Der Kaiser nahm auf dem Throne Platz; die Kaiserin mit ihren Töchtern und der Erbprinzessin von Sachsen waren ebenfalls — incognito — anwesend. Der Oberstlandmarschall stellte sich mit dem bloßen Reichsschwerte zur Rechten, der Obersthofmeister zur Linken des Kaisers auf. Auf der Bühne, auf welcher der Thron stand, hatte noch der Erzbischof Aufstellung genommen; weiter unterhalb standen die beiden Hauptleute der Trabanten und Hatschiere, der Oberstkämmerer und der Oberstkanzler. Gegenüber dem Throne stand der Oberstburggraf, umgeben von den an-

---

[1]) Cod. 1043. Fol. 380 ff. — Dann: Actus der königl. böhm. allgem. Erbhuldigung ꝛc. ꝛc. Prag, gedruckt bei Wolfgang Wickhard. — Čelakovsky, stav městský na sněmě českém, Časopis Musea, 1869. S. 272 ff.

[2]) Eine privil. Wache, meist aus Handwerkern bestehend, die in und außer dem Schlosse freie Handarbeit, aber ohne Gesellen, verrichten durften, freies Quartier neben dem Schlosse hatten, dafür dasselbe bewachen und bei officiellen Festen wie Frohnleichnam, Landtagseröffnung ꝛc. aufziehen mußten. Ihre Zahl war durch die Verfügungen von 1577 und 1635 auf 54 beschränkt, war aber mit der Zeit auf 95 gestiegen. Lib. Decret 837, 23. Juni 1721, Städt. Arch.

deren Landesofficieren und den kaiserlichen Geheimräthen. Links vom Throne hatte sich der Prälatenstand aufgestellt, rechts der Herrenstand, hinter ihm der Ritterstand, im Fond standen die Deputirten des Bürgerstandes, von jeder königlichen Stadt zwei, von Eger drei.¹) Im Namen des Kaisers begrüßte sodann der Oberstlandhofmeister die Stände und dankte für ihr zahlreiches Erscheinen, worauf für diese der Oberstburggraf ihrer Freude über die Anwesenheit des Kaisers Ausdruck gab. Hierauf trat der Oberste Kanzler vor, kniete vor dem Kaiser nieder und empfing von ihm einen Auftrag, dessen er sich nun sofort entledigen sollte, nämlich im Namen des Monarchen zu den Ständen also zu sprechen: gerne wäre der Kaiser schon früher gekommen, es haben aber höchstwichtige Ursachen das nicht zugelassen; nun sei er erschienen, um die Erbhuldigung seiner getreuen Stände entgegenzunehmen und zugleich ihnen die Landtagspropositionen zu übermitteln, welche der Kanzler sodann dem Oberstburggrafen überreichte, der sie aber sofort wieder an die Secretäre weiter gab, welche dieselben in beiden Landessprachen verlasen. Dieselben enthielten nur die gewöhnlichen Formeln, mit welchen die Stände zur Leistung der nöthigen Abgaben eingeladen wurden.

Sodann nahm der Kaiser selbst in deutscher Sprache — die bisherigen Reden waren in tschechischer gehalten worden — das Wort und drückte seine Hoffnung aus, der so zahlreich versammelte Landtag werde die Postulate, die er eben vernommen, annehmen, wogegen der Kaiser alle Privilegien zu bestätigen versprach. Nachdem der Oberstburggraf dafür gedankt hatte, wurde von den Secretären der Huldigungseid in beiden Sprachen verlesen und von den Versammelten, je nachdem sie der einen oder anderen Sprache mächtig waren, deutsch oder tschechisch nachgesprochen.

Dabei erhoben die weltlichen Stände drei Finger zum Schwur, die Geistlichen legten sie auf die Brust. Der Huldigungseid lautete: Wir gesammte Stände des Königreich Böheim schwören Gott dem Allmächtigen, der gebenedeyten von der Erbsünde unbefleckten Mutter Gottes, Mariae, allen Heiligen und Euch, dem Allerdurchlauchtigsten, Großmächtigsten, Unüberwindlichsten Fürsten und Herrn, Herrn Carolo VI., Römi-

---

1) Die k. Städte waren dazumal die vier Prager, Pilsen, Budweis, Kuttenberg, die singulatim auf dem Landtage vertreten waren, dann die corporativ Stimmenden: Eger, Elbogen, Carlsbad, Kommotau, Welwarn, Aussig, Beraun, B.-Brod und D.-Brod, Czaslau, Jungbunzlau, Kaaden, Kaurzim, Klattau, Kolin, Laun, Leitmeritz, Mies, Nimburg, Pilgram, Pisek, Rakonitz, Rokycan, Saaz, Schüttenhofen, Tabor, Taus, Wodnian. Die Leibgedingstädte, die auch königliche Städte hießen, waren auf den Landtagen nicht vertreten.

schen Kaisern, auch zu Germanien, Hispanien, Hungaren und Böheim König, Erzherzog zu Oesterreich, Markgrafen in Mähren, Herzog in Schlesien und Markgrafen zu Lausitz, als König zu Böheim und Unserm rechten Erbherren, Euer Maj. wie auch Dero aus Jhro königl. Geblüth und Stamm, nach Euer Maj. jüngsten allergnädigsten Successions-Erklärung succedirenden Erben, nachkommenden Königen zu Böheim, getreu, gehorsam und gewärtig, auch nie wissentlich in dem Rath oder Zusammenkunft zu sein, da wider Eure Maj. Person, Ehr, Würde, Recht oder Stand, etwas vorgenommen würde, noch darein bewilligen, oder gehölen[1]), in keinerlei Weege, sondern Euer Maj. Deroselben Erben, nachkommender Könige zu Böheim Ehr, Nutz und Frommen betrachten, und befördern und ob wir verstünden, daß etwas vorgenommen oder gehandelt würde, wider Euer Maj. dem sollen und wollen wir getreulich fürsehn und Euer Maj. ohne Verzug warnen und sonst Alles das thun, was gehorsamen, getreuen Unterthanen, gegen ihren Erbherrn gebühret. Getreulich und ohne Gefährde. So wahr uns Gott helfe, die Gebenedeite von der Erbsünde unbefleckte Mutter Gottes Maria und alle Heiligen.

Darauf folgte der kaiserliche Handkuß, der an Stelle des Handstreichs, der einstmals üblich gewesen, getreten war, er sollte zuerst von dem Erzbischofe (wobei der Kaiser etwas am Hute rückte, bei den andern nickte er nur mit dem Kopfe), dann von der Geistlichkeit, dem Herrenstande, unter welchem zuerst die Fürsten, Landesofficiere und Geheimräthe, sodann vom Ritterstand und den Bürgerlichen geleistet werden, in Wirklichkeit aber geschah er in ziemlichem Durcheinander, da der zuerst daran kam, der sich besser durchzudrängen verstand.[2]) Es kamen über fünfhundert Personen zum Handkusse. Um 11 Uhr war dieser besonders in seinem letzten Theile wohl etwas anstrengende Actus beendet, und eine Stunde später hielt der Kaiser große Tafel, bei welcher die getreuen Stände aufwarteten.[3])

---

1) verhehlen.
2) Wie die Kuttenberger Deputirten melden, Čelakovský a. a. O. S. 276.
3) Man hatte sich nach den früheren Huldigungen gerichtet; es war ausdrücklich betont worden, daß in Nieder- und Ober-Oest., in Kärnthen, Krain, Tirol, wo keine Krönungen stattfinden, die Erbhuldigungen viel glanzvoller zu sein pflegen, man ist aber wegen der folgenden Krönung beim alten einfacheren Usus geblieben. — Der Landtag sollte sich zunächst am 13. Sept. wieder versammeln und seine Geschäfte während der Anwesenheit des Kaisers erledigen; aus nicht bekannten Gründen erfolgte aber der Landtagsschluß erst im nächsten Jahre am 15. Mai. S. Čelakovský a. a. O. S. 276; Hammerschmid, Historia

Am nächsten Tage, Sonntag, den 5. September, fand die Krönung des Kaisers zum Könige von Böhmen statt.¹)

Mit Emsigkeit waren alle Vorbereitungen dazu in den letzten Tagen noch getroffen, in der nicht allzu geräumigen Domkirche fünf Bühnen oder Estraden errichtet worden, davon zwei dem Hochaltar gegenüber, (die eine bis in die Höhe des Orgelchors reichend), beide für Adelige und vornehme Personen beides Geschlechts bestimmt; die drei anderen auf den Seiten, eine für die Herren und Ritter, vornehmlich aus Schlesien und Mähren, die zweite für die Musik, die dritte für „das Hoch-Adelige-Frauen-Zimmer" des Landes. Um dafür Platz zu gewinnen, mußten die Marmorkanzel abgetragen und andere Veränderungen vorgenommen werden. Auch das steinerne Emporium, das ringsum oben in der Kirche herumgeht, wurde für Personen von Distinction hergerichtet, mit Brettern verschlagen, damit kein Stein oder etwas Anderes von den Zuschauern herabgestoßen werde. Das Presbyterium und ein großer Theil der Kirche waren mit rothem und weißem Tuche ausgeschlagen, das Chor mit Gobelins verkleidet und auch die Pfeiler kostbar verziert. Besonders ausgeschmückt war die Sct. Wenzels-Capelle und eine große Anzahl von heil. Reliquien dort aufgestellt worden; so standen auf dem Altar des sogen. Reliquiars vier silberne, eine Elle hohe Bruststücke, in welchen ein Stück von der Hirnschale des heil. Bartholomäus Ap., ein Stück vom Hintertheile des Kopfes des heil. Philippus Ap., die Brust der heil. Mutter Anna, ein Stück der Hirnschale der heil. Barbara enthalten waren. Ebenso war der Hochaltar mit Sammt und Gold und Reliquien geziert. Vor demselben stand der erste Thron für den Kaiser, auf einer mehrstufigen Estrade aufgerichtet; noch ein zweiter Thron wurde ad Cornum Evangelii aufgestellt. An der Seite des ersten Thrones war ein Tabouret für den ersten geistlichen Assistenten des Kaisers, den Cardinal-Bischof von Olmütz, Wolfgang Grafen Schrattenbach, designirt. Ebenso befand sich auf der anderen Seite, ähnlich, nur viel schmuckloser, ein anderer Platz für den zweiten Assistenten; es sollte das der Bischof von Breslau sein, nachdem dieser aber gleichzeitig Churfürst von Trier war, so war er nicht erschienen wegen der Schwierigkeiten, die sein höherer Rang im Vergleiche

---

Pragensis ed. Poblaha, S. 190/91; Articuln des allgemeinen Landtagsschlusses rc.; gedruckt Prag, 3. Juni 1724.
1) Cod. 1043; Beschreibung wie es bey deß Allerdurchl. Großmächtigst und Unüberwindlichsten Römischen Kaysers Caroli des Sechsten . . . königl. böhm. Crönung gehalten worden. Prag, gedr. bei Wolffgang Wickhart. — Auch Ceremoniale von 1723, Cod. 8144 der Wiener Hofbibliothek.

zu dem des simplen Erzbischofes von Prag bereitet hätte; an seine Stelle trat der Bischof von Leitmeritz, Graf Joh. Ad. Wratislaw.¹)

Man hatte ursprünglich gefürchtet, daß auch der Cardinal von Schrattenbach nicht kommen werde, obwohl es der Kaiser sehr dringend wünschte; ebenfalls wegen des Rangunterschiedes, da der Erzbischof von Prag, dem ja doch die Hauptrolle bei dieser Feierlichkeit zufiel, nicht Cardinal war.²) Schließlich war dieser Kirchenfürst, wohl dem Wunsche des Kaisers weichend, doch gekommen.³)

In der Nähe des Thrones waren die Plätze errichtet für den päpstlichen Nuntius, Girolamo Grimaldi, Erzbischof von Edessa, und den venetianischen Botschafter Francesco Donado, die Beide erschienen waren.

Gleich dahinter war die Bank für die schlesischen Fürsten: den Herzog von Troppau und Jägerndorf (Joh. Jos. Ad. von Lichtenstein), den Herzog von Sagan (Phil. von Lobkowitz) und Herzog von Münsterberg (Heinr. von Auersperg). Hinter dem Throne befand sich die Bank für die Ritter vom goldenen Vließe, die dort, soweit sie nicht durch ihre Würden andererseits in Anspruch genommen waren, Platz nahmen; es erschienen Sinzendorf, Starhemberg, Paar, Sylva, Oropesa, Martiniz, Visconti ꝛc., Infant Don Emanuel von Portugal, Prinz Maxmilian zu Braunschweig, Franz Stephan von Lothringen. Prinz Eugen von Savoyen war durch ein Unwohlsein verhindert Theil zu nehmen. Hinter diesen nahmen dann die Geheimräthe Aufstellung. Für die Damen der kaiserlichen Familie war das Oratorium bestimmt worden.

Die Nachtruhe in der Nacht vom 4. auf den 5. September war kurz, schon um ein Uhr wurde durch Trommelschlag das erste, um zwei

---

1) Der Erzb. von Prag benützte diese Gelegenheit, um sich mit Berufung auf die kaiserl. Privil. von 1202, 1315, 1350 und deren Bestätigung durch Kaiser Rudolph II. 1603 wieder um Anerkennung des „durch die injuria temporum und wegen Unwissenheit der letzten Vorfahren" außer Uebung gekommenen Ranges als Reichsfürst zu bitten. Böhm. Landesarch. Cop. a. d. Erzb. Arch. Fasc. V. 7. Oct. Concept. Ein weiteres Actenstück (ebenfalls Conc. f. d.) ist ebenda vorhanden, in welchem der Erzb. angesichts der baldigen Abreise des Kaisers, nachdem noch keine Resolution erfolgt sei, um Rückstellung der eingeschickten Orig.-Urk. bittet. Merkwürdigerweise erwähnen weder Frind, Geschichte der Prager Bischöfe und Erzbischöfe, noch Borový, dějiny Diecese Pražské etwas hievon.

2) Der Mercure historique et politique, 75. Bd., 1723, S. 216 weiß zu erzählen, daß mit Rücksicht darauf der Erzbischof von Prag sich lebhaft um den Cardinalshut beworben habe, leider vergeblich; er ist übrigens auch späterhin nicht Cardinal geworden.

3) Böhm. Landesarch. Cop. a. d. Minist. b. Inn. 1. Jan., 11. Aug.

Uhr das zweite, um drei Uhr das dritte Zeichen zum Aufbruche gegeben. Zwischen drei und vier Uhr rückte die Prager Garnison aus, sammelte sich auf dem wälschen Platze, hörte bei Sct. Nicolaus eine hl. Messe, und marschierte dann, nachdem „das Morgenlied unter einer angenehmen Musik von Hautbois und Hörnern geblasen" worden war, gefolgt von der Prager Bürgerwehr, von denen aber die Altstädter Compagnien zu spät kamen, auf das Schloß, wo sie ihre verschiedentliche Aufstellung nahm. Die Stadtthore wurden gesperrt, mit Ausnahme des Carlsthors, das offen bleiben mußte, damit die über die Staubbrücke aus dem Schlosse herausfahrenden Wagen durch dasselbe wieder in die Stadt hereinfahren konnten.

Zur Aufsicht und Erhaltung der Ordnung, dann zur Beaufsichtigung des Einlasses war eine Anzahl von Kämmerern, darunter auch die drei Prager Stadthauptleute, bestellt worden.[1])

Der gesammte böhmische Adel, mit größter Pracht angethan, bildete die glänzende Staffage zu diesem feierlichen Acte.[2])

Zwischen 6 und 7 Uhr begann die große Sigmundsglocke zu läuten. Darauf wurden die böhmischen Krönungsinsignien, die einstweilen in der kaiserlichen Retirada geruht hatten, mit feierlichem Pomp unter zahlreicher Begleitung in die Sct. Wenzels-Capelle getragen und zwar die böhmische Krone, sammt dem darunter gehörigen rothatlassenen Häubel, vom Oberstburggrafen, der Reichsapfel vom Oberstlandrichter, das Scepter (da der dazu bestimmte Oberstlandschreiber Hloschek von Schampach krank war) von Herrn von Hrabecžh. In der Capelle wurden sie vom Erbthürhüter mit zahlreicher Assistenz in Empfang genommen und von ihm bewacht.

Mittlerweile hatten sich die Geistlichkeit unter Führung des Erzbischofs in der Kirche, die Stände, Cavaliers, Fürsten, Botschafter ꝛc. in den kaiserl. Zimmern versammelt. Bald nach 8 Uhr begab sich der Kaiser, — angethan mit einem reichen Mantelkleide von rothem Goldstück, eine rothe Imperialfeder auf dem Hute, die große Kette des goldenen Vließes um den Hals — gefolgt von den oben erwähnten Herrschaften zur Kirchenthüre bei der Sct. Wenzels Capelle. Er schritt unter dem kostbaren Baldachine, den die drei Prager Städte bereits zum Einzuge hatten anfertigen lassen, der aber damals unbenützt geblieben war; derselbe wurde

---
1) Es geschah aber doch, daß manche Berechtigte nicht eingelassen wurden, weil sie von diesen Commissären nicht gekannt wurden. Celakovský, a. a. O. S. 176.
2) Donado spricht von persone di conto abbigliate con sforzo di Lustro e di Magnificenza 7. Sept. W. A.

von je einem Bürgermeister¹) und den Primatoren der Prager Städte und des Hradschins getragen, welch letztere Stadt die Betheiligung daran endlich doch durchgesetzt hatte.²) Dazu wurde mit allen Glocken geläutet, die Fahne auf dem Knopfe des Domthurmes geschwungen, das Militär präsentirte mit gesenkten Fahnen, während Pauken und Trompeten bei der Cavallerie, Trommeln und Pfeifen bei der Infanterie sich zu einem lauten Concerte vereinigten.

An der Thüre wurde der Monarch vom Erzbischofe und der Geistlichkeit, darunter auch der Bischof von Königgrätz, Freiherr von Koschin, dann der erste Landes-Prälat Daniel von Mayern, Canonici, Aebte, Prälaten aus dem ganzen Lande, empfangen und ihm ein großes, aus arabischem Gold gemachtes, von Carl IV. stammendes Kreuz zum Küssen gereicht, welches folgende Reliquien enthielt: zwei kleine in Form eines Kreuzes gehaltene Partikel des hl. Kreuzes, in deren einem Theile das Loch zu sehen, allwo der Nagel, mit welchem Christus ans Kreuz genagelt worden war, durchgegangen; ein kleines Stück von diesem Nagel in Gold gefaßt; ein Stück vom Schwamme, welcher mit Galle und Essig gefüllt Christus gereicht worden war; dann ein Stück Strick; zwei Stücke von der Dornenkrone, ebenfalls vom Leidenswege des Heilands herstammend.

Der Monarch begab sich zuerst in die Sct. Wenzels-Capelle, wo er den reichen Krönungsornat anlegte und die mit den schönsten Edelsteinen geschmückte Hauskrone aufsetzte.³) Als die Toilette beendet war, sprach

---

1) Marcus Jonelli für die Altstadt; Jos. Myßlich von Müllenstein, Neustadt; Andreas Giebl, Kleinseite.

2) Trotz des Protestes der Anderen, die auch anführten, daß Hradschin gar nichts zur Verfertigung des Baldachins beigetragen hatte; dafür aber durften die Vertreter der Prager Städte allein bei der folgenden „Anerkennung" des neugekrönten Königs seine Krone berühren. — Auch die Stadt Kuttenberg hatte sich um die Ehre beworben, den Baldachin mittragen zu dürfen, aber vergeblich. S. Čelakovsky, a. a. O. S. 273 ff. Böhm. Landesarch. Cop. a. d. Minist. d. Innern. 1., 2. Sept. Für die Bürgermeister waren saubere schwarztuchene Kleider vorgeschrieben. Lib. Decret. 86, 11. Aug. Städt. Arch.

3) Das kais. Ornat bestand in einem mit goldenen Spitzen verbrämten, eng und gegen die Hände zugespitzte Aermel habenden, langen, bis auf die Füße gehenden, über eine darunter angehabte rothe Weste genommenen Rock von Carmoisin-Atlas, der wegen der Salbung hinten auf dem Rücken etwas offen und dort zugebunden, ebenso auch am rechten Oberarm zum Oeffnen war. Dann über diesen Rock vorne kreuzweise von Carmoisin goldenen Crifet verfertigt und mit gold und Carmoisin-Seidenfransen gezierte Stola, und ferner aus einer über Rock und Stola um den Leib gegangenen goldenen Gürtel und endlich über alles ein prächtiger Mantel mit Hermelin und langer Schleppe. Dazu

der Erzbischof von der Thüre der Sct. Wenzels-Capelle den Segen über den Kaiser, worauf dieser mit ganzem Gefolge, unter welchem sich jetzt auch die vier Hauptpfarrer der Prager Städte (von Theyn, Sct. Heinrich), Sct. Wenzel auf der Kleinseite und unserer lieben Frauen in der Wiege auf der Altstadt)[1], die obenerwähnten vier großen Reliquien tragend, befanden, zu seinem Throne sich begab. In diesem Zuge giengen auch die Landesofficiere mit ihren Attributen, und zwar die beiden Erbpanniere mit den gold- und silbergestickten Fahnen, auf der einen Seite das Bild des hl. Wenzel, auf der anderen Seite das böhmische Wappen, umgeben von den Wappen der incorporirten Länder; der Erbkuchelmeister mit dem versilberten und der Substitut des Erbtruchsessen mit dem vergoldeten Laib Brod; der Substitut des Erbschenken mit dem goldenen und sein Assistent mit dem silbernen Weinfäßel, jedes 13 Seidel enthaltend, das eine mit rothem Etschweine, das andere mit Tokayer gefüllt, schön bemalt und verziert; dann die bereits obenerwähnten Officiere mit den Kroninsignien, wozu noch der Oberstlandmarschall mit dem Wenzelsschwerte kam.

Nun nahm Alles seine angewiesenen Plätze ein und die kirchliche Ceremonie begann. Der Kaiser wurde zunächst zum vor dem Hochaltare stehenden Erzbischofe zur Präsentation geführt, unter Vortritt des Oberstlandhofmeisters mit dem Stabe[2] und des Oberstlandmarschalls mit dem bloßen Schwerte, gefolgt vom Oberstlandkämmerer, dem Obersthofmeister, und Oberstkämmer, den beiden Leibgardehauptleuten und geleitet von den zwei geistlichen Amtsleuten — jedesmal wenn der Kaiser sich zu bewegen hatte, blieb dieses Gefolge dasselbe. Der Kaiser kniete nieder und der Erzbischof sprach eine Exhortation über ihn und betete die Litanei, wor-

---

kamen noch perlenfarbige Strümpfe und carmoisinatlasene Schuhe mit Goldspitzen. Zur Weste hatte man 6½ Ellen „feines Ponceau" mit Gold extrareiches Zeug à 37 fl. gebraucht; dazu noch die Schuhe und Kronhänbeln; alles zusammen kostete 398 fl., davon hatte die Stickerin, die die Perlen auf die Schuhe aufgestickt hatte, 100 fl. bekommen.

1) Beide letztere existiren nicht mehr; Sct. Wenzel befand sich dort, wo jetzt das Oberlandesgericht steht, die andere Kirche auf dem Marktplatze, gegenüber dem Clementinum.

2) „Aus Birnbaumholz, schwarz gebeizt, ungefirnist, oben mit Gold beschlagen auf das künstlichste ausgearbeitet mit allerhand durchsichtigen Farben geschmelzt, obenauf ein Löwe mit doppelt geschlungenem Schwanze"; es wurden damals zwei verfertigt für den Ob.-Landt.-M. und seinen Stellvertreter um 509 fl.; die Stäbelmeister, die bei der Tafel den Speiseträgern vorangiengen, hatten mit Silber beschlagene Stöcke. Cod. 1043, Fol. 119 ff.

auf der Kaiser, obwohl er noch länger hätte kniend verharren sollen, wegen „einer allzustark im Haupt empfundenen Incommodität" aufstand und die folgenden Gebete stehend anhörte, sich dann wieder auf seinen Thron begab. Im weiteren Verlaufe ging der Monarch zurück zum Hochaltare, wo der Kirchenfürst an ihn die Frage richtete, ob er den heiligen Glauben bewahren und beobachten und das Königreich nach seiner Vorjahren Gerechtigkeit regieren und vertheidigen wolle? Was der Kaiser mit Hilfe Gottes zu thun versprach, worauf er, nachdem er die Hauskrone abgenommen hatte, ein ihm vorgesprochenes lateinisches Juramentum und den ihm vom Oberstburggrafen in deutscher Sprache vorgelesenen Krönungseid ablegte.¹) Nach neuerlichen Gebeten erfolgte dann die hl. Salbung, bei welcher der Erzbischof vor dem Altare sitzend unter Sprechung bestimmter Orationen den Kaiser auf den entblößten rechten Unterarm und zwischen den Schultern salbte.²) Das hl. Oel wurde vom Cardinale rasch abgetrocknet, worauf der Kaiser in einen Verschlag hinter den Hauptaltar trat, um sich abzuwaschen und seine Kleidung in Ordnung bringen zu lassen. Als das beendet und der Kaiser wieder vorgetreten war, wurde zunächst das Wenzelsschwert vom Erzbischofe geweiht und ihm gereicht, der es einen Augenblick lang in der Hand behielt, ebenso wurden dann noch ein kostbarer Ring, Scepter, Apfel und Krone geweiht und dem Kaiser gereicht, beziehungsweise aufgesetzt,³) worauf dieser auf

---

1) Wir Carl schwören Gott dem Allmächtigen, der gebenedeyten von der Erbsünd unbefleckten Mutter Gottes Mariae und allen Heiligen auf dieses heilige Evangelium, daß wir über der katholischen Religion Festigkeit halten, männiglich die Justiz administriren und die Stände, bey denen von Ihrer Majestät und Liebden, Weyland Unserm Uranherrn Ferdinando Secundo, Christmilbesten Andenckens, unterm Dato den 24. Maji des 1627. Jahrs und Unserm Anherrn Ferdinando dem Dritten unterm Dato den 21. Martii 1642. Jahrs confirmirten und wohlhergebrachten Privilegien handhaben, auch von dem Königreich nichts veralieniren, sondern vielmehr nach unserem Vermögen dasselbe vermehren und erweitern und alles das, was zu dessen Nutz und Ehren gereicht, thun wollen. Als uns Gott helfe (bei diesen Worten legte der Kaiser seine Hände auf das Evangelium) die gebenedeyte von der Erbsünd unbefleckte Mutter Gottes Maria und alle Heiligen.

2) Es hatte eine Controverse darüber gegeben, ob die Salbung mit dem Oleum Katechum. oder mit dem Chrisma zu geschehen habe. Böhm. Landesarch. Cop. a. d. Erzb. Arch. Fasc. VI 26. Aug.

3) Das Aufsetzen der Krone geschah durch den Erzbischof, den Oberstburggrafen und die kaiserl. geistl. Assistenten gemeinschaftlich. Ursprünglich hatte der Erzbisch. sich und seinen Assistenten allein dieses Recht arrogirt, war aber von der Statth. eines anderen belehrt worden. Böhm. Landesarch. Cop. a. d. Erzb. Arch. Fasc. VI. 4. Sept.

dem zweiten ad cornum Evangelii aufgestellten Throne inthronisirt wurde. Nun trat der Oberstburggraf vor und rief mit lauter Stimme, zuerst tschechisch, dann deutsch, „kommet und lasset uns zu unserem gekrönten Erbkönig und Herrn uns bekennen".¹) Dann kniete er vor dem Kaiser nieder und berührte mit zwei Fingern den großen überaus schönen und köstlichen Saphir in der böhmischen Krone auf dem Haupte des Monarchen, worin ihm sämmtliche Stände, in derselben bei der Huldigung angeordneten Reihe folgten, nur daß aus dem Bürgerstande nur die Vertreter der drei Prager Städte zugelassen wurden. Während dem hatte der Erzbischof das Te Deum angestimmt, wieder eine Composition des J. J. Fug,²) unter dem Schalle der Musik, dem Donner der Geschütze, dem Läuten der Glocken.

Noch vor dem hl. Evangelium gab der Kaiser Scepter und Apfel wieder an ihre Träger ab und schlug dann während des Credo 47 Cavaliere durch dreimalige Berührung mit dem Wenzelsschwerte auf der linken Achsel zu Rittern. Bei der Opferung wurden vom Kaiser die beiden silber- und goldenen Laibel und Fäßel, sowie ein ihm auf einer vergoldeten Schale gereichter dreißig Ducaten schwerer Goldpfennig geopfert.³) Es folgten Sanctus, Agnus Dei und die hl. Communion, bei welcher der Kaiser aus den Händen des celebrirenden Priesters das hochwürdigste Sacrament empfing. Dann wurde das Hochamt zu Ende gebracht und unter neuerlichem Geschützdonner, Glockenläuten die Benediction gegeben, inzwischen aber hatte man alle Schloßthore geöffnet und das Volk in die Höfe herein gelassen, damit es den Kaiser beim Ausgange sehen könne.

Und in vollem Ornate begab sich derselbe in großem Zuge — es war ½11 Uhr geworden — über den Schloßplatz „unter unbeschreiblichem Vivatgeschrei des Volkes in böhmischer, deutscher und lateinischer Sprache, auch anderem erdenklichen Frohlocken" in seine Retirada, wozu ihm jetzt die Landtagsstube diente.

---

1) Podme a přiznavejme se k nassemu korunovanému králi a dědičnému nejmilostivějssimu Pánu. Es war eine Zeitlang strittig und Gegenstand vieler Erwägungen gewesen, ob es „bei diesem Usus zu sonderbahren Trost der dortigen Landespatrioten sein Verbleib haben solle"; der Kaiser entschied sich schließlich dafür. Cob. 1043. Fol. 221; Böhm. Landesarchiv. Cop. a. b. Minist. des Innern 3. März.

2) Köchel, a. a. O. S. 143, 149.

3) 1656 hatte er das persönlich gethan, diesmal aber reichten die betreff. Landesofficiere die Opfergaben hin, wobei der Kaiser dieselben nur berührte.

4*

Während der Kaiser hier schon der Ruhe pflog, wurden von dem Substituten des Erbschatzmeisters die eigens dazu geprägten Krönungsmünzen — auf der einen Seite die Weltkugel in Wolken mit dem kaiserlichen Wahlspruche Constantia et fortitudo, auf der anderen Seite aber die böhmische Krone mit dem Datum des Tages — unter das Volk ausgeworfen, um welche ebenso wie um das rothweiße Tuch, das die Bühnen bedeckt hatte, ein mächtig Geriß entstand.[1]

Auch war auf einem der äußeren Schloßplätze ein Brunnen aufgerichtet worden, ein vergoldeter böhm. Löwe, aus dessen Rachen rother und weißer Wein floß; dazu wurden von den Keller-Bedienten Brode unter das Volk vertheilt; von der Aufstellung eines gebratenen Ochsen hatte man aber abgesehen, da es an einem passenden Platze mangelte, um einen solchen zu braten.[2]

Nach kurzer Zeit, gegen halb ein Uhr, begab sich der Kaiser im königlichen Habit, mit der Krone auf dem Haupte, unter Vorantragung der übrigen Kroninsignien aus der Landstube in den Wladislaw'schen Saal, wo die Mahlzeit stattfinden sollte und der zu diesem Zwecke prächtig mit den von Titian entworfenen, von de Voos gewirkten, die Geschichte Caroli V. darstellenden Gobelins, die der Kaiser eigens dazu

---

[1] Wegen dieser Münzprägung hatten sich große Schwierigkeiten ergeben, da es sich im letzten Momente herausstellte, daß die Prager Münzstätte dazu nicht fähig sei; so wurde der Wiener Münzdirector Mittermayer von Waffenberg mit einem Münzeisenschneider Antonio Maria Genaro und zwei Münzschlossern dazu nach Prag berufen; dagegen remonstrirte aber wieder die Prager Münze, bis entschieden wurde, das geschehe nur ausnahmsweise und ohne Präjudiz. Abgesehen von dem großen goldenen Opferpfennige wurden noch sechs andere Pfennige im Gewicht von 20 Ducaten, dann 723 größere Auswurfmünzen zu ⅜ Duc. und 717 kleinere zu ⅜ Duc. geschlagen; dann noch 5857 größere und 10315 kleinere silberne. Die Kaiserin opferte bei ihrer Krönung ebenfalls einen großen goldenen Opferpfennig im Gewichte von 24 Duk.; derselbe zeigte statt der Weltkugel das braunschweigische Pferd, das durch eine Hand, die aus den Wolken ragte, gebändigt wurde, mit der Inschrift ad nutum Dei. Die Gesammtkosten dieser Münzen beliefen sich auf 11.777 fl. Mit denselben wurden nach bestimmten Formularen alle ansehnlichen Personen und höheren Beamten bedacht. Cod. 1043, Fol. 91 ff. — Diese Krönungsmünzen sind im böhm. Museum zu sehen.

[2] Die Hofcommission hatte sich schon anfänglich dagegen ausgesprochen, man hätte es aber doch gerne gethan, schon um dem Erbkuchelmeister dadurch eine besondere Function zu geben, er hätte ein Stück vom Ochsen auf die kais. Tafel tragen müssen. Böhm. Landes-Archiv. Cop. a. d. Minist. des Innern 9. Aug.

hatte herkommen lassen, auch sonst mit schön gemalter Architektur geschmückt war. An einem Ende des Saales, gegen die Landstube hin, stand erhöht die kaiserliche Tafel, an welcher der Kaiser, der Nuntius, Carb. Schrattenbach, der Erzbischof und der venet. Botschafter Platz nahmen. Tiefer unten waren 12 andere Tafeln je für 12 Personen gerichtet, an welchen je einer der Landesofficiere seinen Gästen präsibierte, die so saßen, daß keiner dem Kaiser den Rücken kehrte; dazwischen und um den kaiserlichen Tisch herum hatten sich viele Personen adeligen Standes in Galakleidern versammelt, von außen drängte sich das Volk an Thüren und Fenster. Prächtig war auch die kaiserliche Tafel geschmückt mit eigens dazu aus der Wiener Schatzkammer gebrachten silbernen Figuren und Schalen und den üblichen Schaugerichten aus Zuckerwerk.

Das erste dieser Schaugerichte zeigte einen großen Saal, der den Himmel darstellen sollte, darüber die Sonne und Jupiter auf dem Adler, rechts die Gerechtigkeit, links Minerva, Jede ihm eine Krone reichend; auf den Stufen die Gnade und das goldene Zeitalter, der Glaube und der Ruhm; die Erklärung für diese Allegorie war folgende: Carl VI. bescheint mit seiner Gegenwart Böhmen, es wird ihm nicht nur wegen seiner Gerechtigkeit, sondern auch wegen seiner persönlichen Eigenschaften die Krone gereicht, das ist ein Geschenk der himmlischen Gnade; das goldene Zeitalter beginnt und weckt, nebst dem Ueberflusse, auch in allen Herzen den Glauben. Das zweite Gericht zeigt ein Portal mit sechs Säulen von Wolken umgeben, darunter schwebt Mercur mit den sechs Unglücksplaneten; ein Triumphwagen von zwei Adlern gezogen führt die Gestalt der Stärke, ein Genius fliegt darüber und setzt ihr eine Krone auf, in der Hand hält er ein Scepter mit Lorbeer geschmückt, an den Seiten des Portals sind die vier Weltgegenden verbilblicht; ein drittes Gericht zeigt abermals ein Portal mit Blumen geschmückt, darinnen einen Regenbogen gespannt, darüber einen Triumphwagen, gezogen von fünf Lerchen, in welchem die „Constantia" ruhte, darüber war ein fliegender Genius mit den Wappen von Böhmen, die er mit Palmen krönt; das Portal war geschmückt mit Devisen, die auf die vier Weltgegenden Bezug nahmen. Diese Schauspeisen — man möchte sie compacte Lobeshymnen nennen — sollten anzeigen, daß der Kaiser Kraft genug habe, um Böhmen zu beschützen und es bei Oesterreich festzuhalten gegen alle Feinde der vier Weltgegenden; die Kraft, welche den bösen Planeten voranfährt, zeigt die Macht des Kaisers die unglücklichen Einflüsse von seinen Völkern abzulenken; der Regenbogen deutet die glücklichen Tage an, die der Kaiser bringen wird, Mercur und der Ruhm werden überall dieses Glück verkündigen.¹)

Außer diesen großen Tafeln waren noch in anderen Sälen Tische gedeckt für die weniger vornehmen Gäste, so ein eigener Tisch für die Deputirten der königl. Städte, wobei Speisen, Getränke, Confect und Gläser vom Hofe gestellt wurden, alles Tischzeug, Besteck ꝛc. von den Prager Bürgermeistern zu liefern war.²)

Auch hiebei waren alle Rollen auf das Genaueste vertheilt. Der Erbkuchelmeister hatte die Liste der Speisen zu überreichen und mit anderen Cavalieren die Aufsetzung der Speisen zu überwachen, die von jungen Aristokraten in den Saal getragen wurden; die Substituten des Erbschenken und Erbvorschneiders hatten einzuschenken und vorzuschneiden, letzterer dann auch beim Händewaschen dem Kaiser das Wasser und das Waschbecken, der Oberstlandhofmeister aber das Tuch zum Abtrocknen zu reichen.³)

Während der Tafel ließen drei Musik-Chöre, einer von Trompetern und Paukern, einer von Vocalmusikern und der dritte von anderen Instrumentalmusikern abwechselnd eine „herrliche Musik" hören.

Bald nach dem Beginne des Mahles hat der Kaiser folgende Toaste ausgebracht: zu dem Cardinal gewendet „auf das Aufnehmen der Geistlichkeit", dem Nuntius „ihro päpstlichen Heiligkeit", dem Venetianer „das Wohlergehen guter Allianzen", dem Erzbischofe „daß es ihm wohl anschlage und sein heutiger Segen was ausgebe", wobei jeder sich bedankte und auf das Wohlsein des Kaisers, der Kaiserin und dero „Hansels im Keller"⁴) trank, natürlich während dem und solange, bis der Kaiser getrunken, stehend.

---

1) Mercure historique et politique 75. Band, 1723, S. 407.

2) Lib. Decret. 86. 11. Aug. Städt. Arch.

3) Erforderliche Victualien auf ein kön. Krönungsfest in Prag: 141 Stück Fasanen, 177 Rebhühner, 38 Haselhühner, 152 Waldschnepfen, 10 Wachteln, 108 alte Hasen, 374 Cronabethvögel, 32 Trescherln (Drosseln), 292 Lerchen, 904 allerhand kleine Vögel, 67 Wildenten, 111 Indiane, 346 feiste Kapaune, 69 alte Hennen, 726 Hendl, 560 Tauben, 44 Gänse, 50 Enten. Böhm. Statth. Arch. — Das Hofcontroloramt erhielt für jedes Krönungstractament 10.000 fl. — Die ganze Beischaffung des benöthigten Fleischwerks, Geflügel, Wildpret, Fische, Gewürz, Grünes, Mehl, Gries, Schmalz, Butter, Eier während der Reise kostete 71.300 fl. Weiters sind verbraucht worden an Wein 2731 Eimer, 18.937 Laib Mundbrod und 191.989 Laib Hofbrot.

4) Alte deutsche Bezeichnung für das Kind im Mutterleibe.

Worauf der Kaiser dem Oberstburggrafen zutrank, in einem in der Form eines halben Schiffleins geschnittenen schönen Krystallglase „auf gutes Glück und Aufnehmen des Königreichs Böhmen," was ebenso durch einen allgemeinen Toast zunächst auf den Kaiser, dann auf die Kaiserin und den „Durchlauchtigsten Hansel im Keller" mit köstlichem Tokayerwein von allen Gästen mit lautem Jubel ausgebracht, erwiedert wurde.

Als der Kaiser die Tafel aufzuheben gedachte, standen alle auf¹) und warteten, bis er sich gewaschen hatte, um ihn dann wieder, nachdem der Segen gesprochen worden war, unter Mitnahme der Thron-Insignien gegen 2 Uhr Mittags in seine Gemächer zu geleiten.

Alle übrig gebliebenen Speisen, Weine und Confecte blieben der jubelnden Menge überlassen.

Prachtvolle Beleuchtung der Paläste, Straßenfeuer, dann Ballfeste und Festlichkeiten aller Art der Reihe nach von den ersten Adelsfamilien während dieser Woche veranstaltet, gaben dieser Krönung und der der Kaiserin einen glänzenden Abschluß.²)

Drei Tage darauf, am 8. September, dem Tage Mariae Geburt, fand sodann die Krönung der Kaiserin statt, welcher der Kaiser officiell beiwohnte.³) Die Ceremonie spielte sich, natürlich mutatis mu-

---

1) Auch seine speciellen Gäste; 1656 hatten der damals celebrirende Cardinal Harrach und der venet. Botschafter sitzen bleiben dürfen, seit 1681 war das aber nicht mehr üblich gewesen und nach ausführlichen Verhandlungen blieb man beim letzteren Usus. Auch darüber war viel debattirt worden, ob der Prager Erzbischof da mitspeisen dürfe; 1656 hatte es der damalige thun dürfen, allerdings war er Cardinal (Harrach) gewesen. Böhm. Landesarch. Cop. a. d. Minist. d. Innern.

2) Donabo, 7. u. 14. Sept. W. A.

3) Cod. 1043; Beschreibung, wie es bei der allerdurchl. und großmächt. Fürstin und Frauen Elisabethae Christinae . . . Kön. böhm. Krönung gehalten worden. Prag, gedruckt bei Wolffgang Wickhart. — Der Kaiser hatte in einem eigenhändigen Schreiben vom 8. August seinen Botschafter am päbstlichen Hofe, Cardinal Cienfuegos, ersucht, er möge bei seiner Heiligkeit bewirken, daß dieselbe der Kaiserin in kurzem Wege Dispens gebe, vor der Krönungsceremonie einen kleinen Imbiß zu nehmen; er begründete das mit dem Umstande, daß die Kaiserin sich gesegneten Leibes befinde und die lange und anstrengende Feierlichkeit nicht gut nüchtern würde überstehen können, ohne sich zu schaden oder gar die Krönung zu stören. Der Kaiser beruft sich überdies darauf, daß dieselbe Dispens auch dem Könige von Frankreich, Ludwig XV., bei seiner Krönung gegeben worden sei. W. A. Röm. Corresp. 145. — Es kann wohl kein Zweifel sein, daß dieser Wunsch des Kaisers erfüllt worden ist.

tandis in derselben Weise ab wie die Krönung des Kaisers. Die Kaiserin trug eine mit fast unschätzbaren Juwelen gezierte Hauskrone, ein weißes aus Silberstoff reich mit Gold gesticktes Kleid; besonders das Brustjtück, wie auch die von den Achseln herabhängenden Flügel waren durchaus mit kostbaren Diamanten und Edelsteinen reich besetzt und natürlich mit einem „langen Schweif" versehen, den die Obersthofmeisterin Fürstin Auersperg trug. Als Assistentin fungirte die Fürstäbtissin von Sct. Georg Frau Isidora Constantia Rudnitzky von Breznitz in Begleitung zweier Klosterfrauen, einer Freiin von Widmann und einer Gräfin Hobitz. Die Präsentation der Kaiserin wurde vom Kaiser selbst vorgenommen, die Salbung vom Erzbischof ebenfalls am rechten Unterarm und zwischen den Schultern. Alles verlief programmäßig. Diese Krönung wird als besonders feierlich bezeichnet, schon deshalb, weil ein römischer Kaiser dabei assistirte und dann wegen der massenhaften Betheiligung des Adels, man soll über tausend sechsspännige Carossen gezählt haben.[1])

An der Tafel, nach der Krönung, nahm diesmal auch die Kaiserin theil, wie denn die übrigen 12 Tafeln nur von Damen besetzt waren, denen die Frauen der Landesofficiere, die im Range sich nach ihren Männern richteten, oder sonst von ihnen eingeladene Damen der Aristokratie präsidirten. Eben dieselben Toaste wie am 5. Sept. wurden getrunken und unter „großem Frohlocken der Frauen und Fräulein Gästinnen" des „Hansel im Keller" nicht vergessen. Die Herren speisten in benachbarten Räumen; wobei der Kaiser dem Oberstburggrafen den Bescheid trinken ließ: „Der Alten und deß Jungens."

Diesmal war auch Prinz Eugen von Savoyen anwesend gewesen. Auch diesmal schmückten herrliche Schauspeisen die kaiserliche Tafel.[2])

---

1) Pelzel, (Gesch. v. Böhmen, 4. Aufl. 1817, II., S. 849. — Anläßlich der Krönungen wurden folgende Präsente vertheilt: dem Oberstburggrafen eine Contrafaitbuxen, oben mit einer Krone von Diamanten, innen das kaiserl. Bild, im Werthe von 4500 fl.; dem Erzbischofe ein großes Kreuz mit Brillanten im selben Werthe; dem Carb. von Schrattenbach ein Smaragdkreuz für 5000 fl.; dem Bisch. von Leitmeritz ein Kreuz für 2000 fl.; ebenso dem Bisch. von Königgrätz und dem Domprobst von Mayern Kreuze, der Aebtissin von Sct. Georg einen kostbaren Ring; alles in Allem Geschenke für nahezu 20.000 fl. Bei früheren Krönungen war es üblich gewesen, noch mehr zu geben, aber schon bei den Krönungen in Preßburg 1712 u. 1714 hatte man sich darin eingeschränkt. Cod. 1043, Fol. 116 ff.

2) Beschreibung der am 8. Sept. 1723 zu Prag beschehenen königlichen Krönung der allerdurchl. Elisabeth Christine. Regensburg, gedr. bei Joh. Heinr. Krütinger.

Die erste stellte einen Floratempel dar, in welchem die Göttin selbst saß, über ihr die Göttin Juno, im Gewölke rechter Hand die Beständigkeit, links die Stärke (wiederum auf den kaiserlichen Wahlspruch anspielend), alle beide mit den Händen eine Krone über Juno haltend; auf der Erde standen rechts die Figur Böhmens, links eine Gestalt mit den Wappen von Schlesien und Mähren. Bedeutung der Allegorie: daß die österreichische Beständigkeit und Stärke der römischen Juno eine von dem römischen Jupiter selbst gewidmete Krone auf ihr würdigstes Haupt setze.

Ein zweites Schaustück stellte ein dreieckiges Portal vor mit neun Säulen, vorne eine Blumenvase, zwischen dem Portale ein Baldachinzelt mit Vorhängen, darunter ein Stuhl, auf welchem der „Friede" saß, der das vor ihm kniende „Böhmen" mit dem Lorbeerkranze krönte, rechts stand der „allgemeine Glaube", links die „göttliche Gnade", weiter unten wieder eine Figur mit dem Abzeichen der Nebenländer.

Drittens: abermals ein Portal, wie das obige, in dem diesmal die „Frömmigkeit" sich befand, die „Böhmen" eine goldene Kette umhieng, rechts der Ueberfluß, links die Hoffnung.

Auf den Nebentafeln standen ebenfalls Gerichte aber ohne allegorische Anspielung, alles war gefertigt von Maria Barbara Königsbauer von Hohenried, der k. u. k. Maj. Hof-Zuckerbäckerin mit ihren Schwestern.

Nicht nur in Zucker, auch in Versen[1]) wurden das frohe Ereigniß und seine Träger mit allem Schwulste und aller allegorischen Spitzfindigkeit jener Zeiten gefeiert, von all ihnen sei nur das Festspiel erwähnt, das die Patres der Gesellschaft Jesu dem kaiserlichen Paare zu Ehren veranstalteten und das den poetischen Titel führt: die am Oelzweig des Friedens und Palmbaum der Tugend vor aller Welt herrlich grünende königliche Crone von Böheimb.[2]) Das Spiel sollte zunächst den angeblich ersten Träger einer Königskrone in Böhmen, Wenzel den Heiligen, und dann

---

1) Fons inexhaustus immortalis Gloriae publicae Salutis, Augustarum Virtutum et gratiarum, Augustissimus imperator Carolus VI iungente humillimum quoque studium eiusdem subjectissimae Devotionis minime Soc. Jes. per Provinciam Bohem. Bibl. d. böhm. Mus. (Enthält lateinische, griechische, hebräische Gedichte auf Carls spanische Expedition, den Sieg bei Peterwardein, bei Belgrad, über seine Tugenden ꝛc. ꝛc.

2) Gedr. zu Prag in der Carolo-Ferdin. Univ.-Buchdruckerei im Collegio der Gesellschaft Jesu bei Sct. Clemens.

mit sinniger Wendung die gegenwärtigen Inhaber derselben feiern. Im Vorspiele sehen wir die Stärke, die Andacht, die Herrlichkeit sammt Gefolge, den Argwohn und die götlliche Fürsichtigkeit sich unterhalten. Im ersten Aufzuge wird dann der Glaubenseifer Wenceslai gefeiert, dem eben der heidnische Kaurimer Fürst sich unterworfen hatte. Aber auch der kaiserl. Hof hat mit Staunen von seiner Frömmigkeit gehört und Kaiser Otto lud Wenzel nach Worms zum Hoftage ein. Dieser zögert aber, zunächst muß er das Heidenthum ganz ausrotten, dann tritt er die Fahrt nach Worms an.¹)

Zweiter Act: Auf der Reise verweilt er oft im Gebete, so daß die Fürsten in Worms ungeduldig werden, ihn des Hochmuths zeihen und besonderer Ehren nicht für werth halten. Kaiser Otto beginnt mit ihnen, ohne weiter auf Wenzel zu warten, die Tagung. Noch rechtzeitig wird der Böhmenherzog aber durch Engel in den Saal geleitet; für seine Tugend will ihm Otto die königliche Krone anbieten, die aber Wenzel aus gottesfürchtiger Bescheidenheit nicht annimmt.

Dritte Abtheilung: Nach dem Tode König Ludwigs (1526) zählt der „Deutgeist" Oesterreichs die Reihenfolge der böhmischen Herrscher her, um zu beweisen, daß Niemand Anderer zu erben berechtigt ist als Ferdinand von Habsburg. Aber Böhmen, Mähren, Schlesien trauern um den Gefallenen.

Böhmen: In Trauer versenktes Land! Wo ist Deine Zuversicht.
Ach! daß man Deinem Prinzen die Lebensblume bricht!

Mähren: So haben Solymanns rechtbrüchig geile Waffen
Die einzige Landesstütze von hinnen därffen raffen.

Oesterreich, das horchend bei Seite stand, frägt um dieses Jammers Grund: die Antwort sagt, sie wüßten nicht, wer sie jetzt regieren soll. Darauf Oesterreich: ist wohl ein Knopf so fest, den ich mit klugem Rath nicht habe aufgelöst? Worauf es nochmals genetisch das unbedingte Recht Ferdinands beweist und die anderen endlich zustimmen.

Es folgen nun in flüchtigem Zuge die späteren Kaiser aus Habsburgs Haus bis auf Josef I. unter beständigen Wechselreden der Frömmigkeit, Gerechtigkeit, Liebe, Rathschlägigkeit, Beflissenheit und Furcht. Endlich gelangen wir zu Carl VI. und seiner Gemahlin.

---

1) Wenzel der Heilige ist nie König gewesen; auch ist er bereits 935 ermordet worden, während Otto I. erst 936 zur Herrschaft kam.

Böhmen: O! süßes Freudenmeer! jetzt wird mir's leichter kommen,
Daß jene Kaiser Gott von mir zu sich genommen;
Da beyder Tugenden und Scepter werthes Wesen
In einem Carl vermehrt lebhaftig noch zu lesen.

Es nahen die einzelnen Kreise um huldigend ihren Werth zu rühmen. Der Bunzlauer nennt seine Kleinodien, der Czaslauer sein Kuttenberger Gold, aus dem die Lebensgöttinnen einen längeren Faden spinnen sollen, der Elbogner singt: Will Machaons[1]) Kunst ermüden,
Schlagt Galeni Fleiß nicht an;
Muß mein Heyl-Gewässer sieden
Das die Krankheit heben kan.
Es wird stets für (vor) andern allen
Zu des Königs Gesundheit wallen.

Der Kaurimer preist seine Jagden, der Königgrätzer knüpft an den Ring in seinem Wappen an, daß er der vermälten Königin Mahlschatz sei; der Prachiner spricht schüchtern von den Perlen seiner Flüsse, der Saazer rühmt seine Fruchtbarkeit, der Leitmeritzer seinen Rebensaft, der Bechiner seine Lachse und sein Federwild, Pilsen erinnert, daß man Bließe hier näher als in Colchis haben kann, Beraun rühmt seine feste Burg, Chrudim die wohlgemuthen Pferde.

Im Nachspiel wird dem Gefeierten unter Musik gewünscht, daß seine Beständigkeit und Stärke auch noch die morgenländischen Kronen erringen mögen, worauf der Chor endet:

Nun lebt und regieret,
Mit Kronen gezieret,
Durchläuchtigste Häupter vom Himmel beglückt.
Lasset die Pragerische Musenschaar wissen,
Daß sie den gnädigsten Schutz wird genießen,
So bleibt sie mit lieblichster Anmuth erquickt.

Dargestellt wurde die Komödie fast durchwegs von Schülern der Jesuiten-Akademie — 150 an der Zahl; die vornehmeren Rollen alle von jungen Adeligen; so der hl. Wenzel vom Rhetor Carolus Com. de Kinsky etc. Die Musik verfaßte der Launer Joannes Dismas Zelenka, k. polni-

---

[1]) Sohn Aesculaps und Erbe seiner Heilkunst.

scher Kammermusiker;¹) die Tänze arrangirte der Tänzer Ehrenfridus Gerhardt aus Weimar.

Zahlreiche Auszeichnungen, Ernennungen zu Staatsräthen, Kammerherren folgen am Ende dieser Tage, ohne aber natürlich alle ehrgeizigen Herren befriedigen zu können.²)

Mit diesen Festlichkeiten war der Hauptzweck der Anwesenheit des Kaiserpaars in Prag erschöpft, dennoch verweilten die Majestäten noch nahezu 2 Monate daselbst. Kurz nach der Krönung reiste die Churprinzessin von Sachsen ab, verschwenderisch Geschenke und Discretionen an die Hofbeamten vertheilend,³) wurde aber alsbald abgelöst von den Eltern der Kaiserin, Herzog und Herzogin von Wolfenbüttel, die mit ihren Verwandten in der zweiten Hälfte September in Brandeis verweilten. Hier wechselten Hirschjagden mit anderen Zerstreuungen ab, auch ein Besuch beim wunderthätigen Bildniß der Jungfrau Maria in Jungbunzlau wurde unternommen. Das Wetter wurde aber so schlecht, daß der Hof am letzten Tage des Monats wieder auf den Hradschin zurückkehrte. Es scheint überhaupt das Wetter während der ganzen Zeit, besonders aber in den letzten Wochen recht ungünstig gewesen zu sein; es war beispielsweise nicht möglich die Oper auf dem Theater nochmals zu wiederholen, denn schon bei der zweiten Aufführung hatten Regen und Wind Theater und Coulissen fast ganz abgewaschen und zerrissen.

Mit Prunk wurde am 1. October der Geburtstag des Kaisers gefeiert,⁴) der an diesem Tage das 38 Jahr seines „ruhmwürdigsten und Gott gebe unauslöschlichen Alters" erreicht hatte; abgesehen von der prächtigsten Gala, wurde eine musikalische Serenade „Contesa de Numi" Text von Giuf. Prescimonio, Musik von Ant. Calbara, im spanischen Saale aufgeführt.⁵) Die Reihe der Festlichkeiten beschloß dann für Prag der 4. November — der Namenstag des Kaisers — allwo auf der Gallerie neben dem spanischen Saale ein „verkleidetes, musikalisches Kammerfest oder Serenade auf einem errichteten kleinen Theatri mit schöner Be-

---

1) Köchel, a. a. O. S. 149, 261.
2) Donado, 14. Sept. W. A.
3) Wie Donado boshaft bemerkt: forse per supplire alla parca distributione fatta al tempo delle sue nozze dal Principe Sposo Fred. 14. Sept. W. A.
4) Geb. 1685.
5) Köchel, a. a. O. S. 539.

leuchtung" natürlich auch im Besein des ganzen Adels, arrangirt wurde; mit dem Titel „Il Trionfo della Fama", Text von F. Fozio, Musik von F. Conti.¹) Tags darauf war großes Jagen auf Wildschweine mit dem Erbprinzen von Lothringen in Podiebrad, später noch in Chlumetz und Brandeis. Ende October reiste das braunschweigische Herzogspaar ab, bis Komotau auf Kosten des Hofes²); mittlerweile waren auch die nothwendigsten Vorbereitungen zur Rückkehr nach Wien erledigt worden. Schon Anfang October war die schwere Bagage mit vielen unnöthig gewordenen Hofbediensteten abgegangen. Für den 6. November wurde die Abreise von Prag angesetzt.

Wiederum war eine Hofcommission zusammengetreten um die Rückreise zu regeln;³) sie hatte jetzt doppelte Vorsicht zu üben wegen des Zustandes der Kaiserin, der ja die höchste Rücksicht heischte. Die Commission war sehr gegen die späte Abreise des Kaiserpaares gewesen: sie hatte gemeint wegen des kalten Wetters, das leicht Katarrhe erzeugen, dann wegen der Feuer, die die Fuhrleute in Folge der Kälte für die Pferde anmachen müßten und die Confusion verursachen könnten, wegen der kurzen Tage und langen Nächte, dann auch wegen der Prager sollte die Reise früher angetreten werden. Diese seien nämlich gewöhnt, ihre Quartire von Galli an zu vermieten;⁴) reist der Hof später, so können sie dieselben nicht mehr anbringen. Da die Aerzte aber riethen, die Kaiserin nicht vor dem fünften Monate der Schwangerschaft reisen zu lassen⁵), und der Kaiser auf dem festgesetzten Termine bestand, so schickte die Commission sich darein und beantragte zuerst, daß die Kaiserin bis Znaim sich von Maulthieren tragen lasse, da bis dahin die Wege schlimmer, von da ab besser seien und es doch mißlich wäre, wenn Ihre Maj. auf der Fahrt unpaß würde und in einem „unbequemen liederlichen" Ort sich länger aufhalten müßte. Dann wurde aber als noch besser vorgeschlagen, die Kaiserin nicht von Maulthieren sondern von Sesselträgern tragen zu lassen: es sei sicherer, denn wenn ein Maulthier stürze, so komme Alles in Gefahr, stürzt aber ein Sesselträger, so bleiben die anderen fünf aufrecht, abgesehen davon, daß die

---

1) Ebba.
2) Es wurden ihm zum Abschiede 4 Fässel köstlichen Tokayers verehrt.
3) Bestehend aus den Fürsten Trautsohn, Schwarzenberg, Carbona, Obersthofmeister der Kaiserin, der Grafen Sinzendorf, Cobenzel, Kinsky, Herrn von Freyenfels, Imsen, Wanner; Cod. 1043, Fol. 145/6.
4) 16. October, auch jetzt noch einer der vier Kündigungs- und Ausziehtermine in Prag.
5) Donado, 14. Sept. W. A.

Leute auch sich besser regieren und aufhalten lassen, als das unvernünftige Vieh, welches das Zurufen und Zusprechen nicht verstehet, wie die Commission unleugbar richtig aber etwas naiv bemerkt.

Jedenfalls drang sie darauf, daß nur ganz kurze Stationen gemacht würden, und alle Zimmer in denen die Kaiserin wohnen würde, einige Tage vorher ausgeheizt werden sollten. In dieser Hinsicht wie auch in Bezug auf das Reisen in einer Sänfte behielt die Commission Recht.

Die Abreise erfolgte von Prag in aller Stille, in Begleitung des böhmischen Adels „mit einem nicht gar zu angenehmen, sondern sehr regnerischen Wetter."[1]) Das unnöthige Gefolge reiste direct über Kolin nach Wien. Auch die meisten Minister waren bereits vorausgefahren, so Prinz Eugen, Schönborn, Starhemberg, Trautsohn; nur Sinzendorf, dessen Podagra ihm das langsame Reisen zur Pflicht machte, Perlas und Kinsky begleiteten das Kaiserpaar. Der Nuntius und der venetianische Gesandte wären auch schon längst gerne vor der Witterung, die von Tag zu Tag eisiger wurde, geflüchtet, aber die Nöthigung, am 4. Nov. dem Kaiser noch aufzuwarten, hatte sie zum Ausharren verurtheilt[2]).

In Brandeis wurde Halt gemacht und noch einmal eine Jagd abgehalten und erst Montag, den 8. Nov., wurde es mit der Reise Ernst, aber es ging nur langsam weiter. Auch in Podiebrad, der nächsten Station, wurde wegen einer Jagd den ganzen Tag Halt gemacht,[3]) ebenso anderthalb Tage in Zenikau, desgleichen in Iglau. In Znaim wurde am 19. Abends der Namenstag der Kaiserin durch eine große verkleidete Serenade gefeiert. Da dafür in der Wohnung des Kaiserpaares kein Platz vorhanden war, so mußte sie im Freien vor derselben abgehalten werden.

---

1) Die Kaiserin scheint sich nur ungern von dem Lande getrennt zu haben, in welchem ihr der längst ersehnte Wunsch in Erfüllung gegangen zu sein schien; auch war das Wetter nichts weniger als einladend zur Reise. Donado schreibt: nè la stagione horamai resa pessima, nè le strade rotte e affondate, molto meno la disottissima pioggia caduta la precedente notte e che cadeva la mattina medesimo, konnte aber den Kaiser wankend machen; con la di lui naturale comendabile imperturbalità blieb er bei der Abreise. 9. Nov. W. A. — Ueber die Rückreise, s. Diarium der kaiserl. Reyß ꝛc. Cod. 1043, Fol. 154 ff.

2) Donado, 12. Oct., 2. u. 20. Nov. W. A. Bitter beklagte er sich dann über die strade alpestri, die Reise sei lungo, fastidioso e pesante gewesen, seine Bagage stecke noch in den profondissimi fanghi della Moravia.

3) Der Kaiser hatte in Böhmen viel Jagdglück gehabt, er berichtet dem Prinzen Eugen von Sav. am 13. Nov. aus Iglau „von hir ist sonst nichts neys, als das ich in Böhmen 1058 Sau umbracht, welchs ein hübsche Zahl ist". Arneth, Eugen von Savoyen III. Bd., S. 519. Anm. 36.

Es wurden dazu zwei große romanische Wagen aufgeführt, mit zahlreichen Lichtern und Fackeln beleuchtet; auf ihnen nahmen 144 Personen in reichen Costümen Platz, welche bei kühlem aber schönem und hellem Abendwetter eine prächtige Instrumental-Serenade aufführten; sie wurde von dem kais. Opernappaltator Heimerl arrangirt, dem dafür 18.875 fl. ausgezahlt werden mußten. Der Titel des Spiels lautete: la concorde des Planètes; ausgedacht war es von Signor P. Pariati, die Musik dazu von Signor A. Caldara.¹) Der Kaiser hatte befohlen gehabt, es zu Ehren seines lieben Ehegemahls so schön als möglich auszuführen.²) Am 20. ging es weiter über Guntersdorf (wo der Besitzer Baron von Ludwigstorf eine sehr schöne Beleuchtung veranstaltete), Oberhollabrunn, Schloß Schönborn, nach Stockerau, das am 23. erreicht wurde; die Kaiserin setzte ihre Reise am nächsten Tage in den Morgenstunden fort und kam, nachdem sie in Kornneuburg das Mittagsmahl eingenommen hatte, noch am selben Tage, zeitlich nachmittags in Wien an. Der Kaiser verweilte in Stockerau, um hier eine Schweinsjagd in den Auen der Donau mitzumachen und traf einige Stunden nach seiner Gemahlin in Wien ein.³) Der Einzug erfolgte ohne besondere Feierlichkeit aber unter lebhafter Theilnahme der Bevölkerung, die durch die ganze Leopoldstadt und Stadt bis zur Hofburg Spalier bildete; eine beabsichtigte Illumination hatte der Kaiser „heroisch" abgelehnt.⁴) Erst am nächsten Tage fand in der Metropolitankirche zu Sct. Stephan ein feierlicher Dankgottesdienst für die glückliche Rückkehr des Kaiserpaares statt, aber auch das ohne Spectakel und Lärm. Auf dem Theater wurde die Rückkehr durch die Aufführung der Oper „il bel Genio dell' Austria e il Fato" gefeiert.⁵)

Nach fünfmonatlicher Abwesenheit waren die Majestäten heimgekehrt, von froher Hoffnung auf einen Thronerben erfüllt; eine Hoffnung, die dann freilich bitter enttäuscht wurde. Denn eine Prinzessin war es, Maria Amalia, der die Kaiserin am 5. April 1724 das Leben schenkte; im

---

1) Mercure historique et politique, 75. Bd. S. 632. — Köchel, a. a. O. S. 539.
2) Cod. 1043, Fol. 147 v.
3) Das Diarium über die Rückreise läßt auch den Erbprinzen von Lothringen die Reise und diese Jagd mitmachen; in Wirklichkeit blieb er aber in Folge einer Erkältung, die er sich auf einer Jagd zugezogen hatte, in Prag zurück. Arneth, Maria Theresia, I. Bd. S. 10, Donado, 27. Nov. u. 18. Dez. W. A.
4) Heroicamente ricusata si per la moderazione del genio suo si per carità di risparmiarne il dispendio. Donado, 27. Nov. W. A.
5) Musik von C. A. Badia. Köchel a. a. O. S. 539.

wahren Sinne des Wortes ein Schmerzenskind, es starb schon mit sechs Jahren.

Kaiser Carl VI. aber, die jüngste Vergangenheit überschauend, meinte zu seinen Getreuen: „es ist ein großes Werck gewesen und doch wurde Alles in guter Ordnung vollzogen". [1])

---

[1]) Cod. 1043, Fol. 141 v. Donado gibt seinem Senate am 9. November eine Art Final-Relation über diese böhmische Reise, die vielleicht hier in Extenso angeführt werden darf.

Resta di lui (vom Kaiser) nel Regno ed in qualunque ordine di persone ottima fama, quale apunto la meritano le di Lui saviissime azzioni ed il di Lui reale contegno, né qualunque speranza frustrata di ulteriori beneficenze niente pregiudica al desiderio di se ch'egli lascia. Il di Lui discernimento a conoscere il temperamento della natione lo indusse a comparir in Boemia, servito dei suoi proprii ministri, sia di Gabinetto, sia d'Economia, sia di Corte, in Mano de quali rimise tosto la totale aministratione. Cio gli servi ottimamente à concilliarsi quella Veneratione che era ben necessaria in un popolo cervicoso di sua natura e torbido ancora alcuna volta fino à quel segno di che ne vivono per cosi dire nel giro non intiero d'un secolo le recenti memorie. Non é però che sia in mano della Regia Luogotenenzia veruna soverchia auttorità; mentre questo corpo solamente luminoso nella superficie non agisce altrimenti che per l'influsso òsia per il Canale della cancellaria di Boemia il di cui Primario ministro, che è il Conte Kinsky sempre à Vienna rissiede e di ciascheduna materia ne fà alla Conferenza il rapporto e ne riceve dall' Imp. l'assento. Il Gran Burggravio, il quale per privilegio speciale non potresse esser se non nationale Boemo, e che senza vicenda dura perpetuamente nella sua carica, quantunque, alla testa degl' altri undici Luogotenenti, tutti pur nationali e vestiti di respettive dignità, et incombenze, faccia la figura d'un Viceré, pure non ne porta nè le insegne nè le prorogative, nè la di lui auttorità sumaria fuori che à cose di picciolissimo momento si estende. Con tal forma di Governo e col fondamento de statuti municipali di massima rigida e rissoluta, quale apunto doppo le ultime ribellioni e con il dritto di conquisto à freno del popola, costituendo lo suddito e schiavo dei proprii respettivi signori convene dettarla, riesce agevole di aministrare la Politica interna del Regno.

Donado rühmt dann den Nutzen Böhmens nicht nur durch Geldcontribution, sondern auch durch die Leistung von Recruten und Pferden für die Armee.

Von der Hauptstadt Prag sagt er: „cinta di regolari, ma non forti mura, vastissima nell estesa, nobile negl'edificij e nei tempij, divisa della Molta, largo benché non navigabile fiume, congiunta con sontuosissimo ponte, custodita dall' Emiuenza di due Castelli, illustrata da magnifico Reale allogiamento hà il suo particolare pregio, che la distingue sopra la magior parte delle città dell' Imperio."

Anhang.

(Cod. 1043, Fol. 149—153.)

Ausgaaben welche bey der Anno 1723 vorgeweßt käyßerlichen Rayß nacher Prag, und widerum zuruck nacher Wienn, auch daselbstigen Substistenz, und zwäy-fach nämlich den 5.te und 8.te Septembris vorgegangenen königlich-böhaimmischen Crönnungen, so wohl durch die, auf solcher Rayße mitgeweßt-käyßerlich Universal Bancalitäts Spessierungs Cassa, als auch durch das käyßerliche Universal Bancalitäts Cammeral Zahl-Amt als königlich böhaimmische Bancal Repraesentation, tam in Ordinario, was nämmlich außer der Rayß, und bemelten Crönnungen ohne deme hätte müssen bestritten werden quam in Extraordinario was Nämlich solche Rayß, und erwehnte Crönnungen immediate betroffen hat, in allen und Jeden seynd bestritten worden.

Fol. Relationis		Ordinarium		Extraordinarium	
		fl.	kr.	fl.	kr.
	In Ihro May. des Käysers gehaimme Cammer, wurde alleinnig durch die Spessirungs Cassa bezahlet	139607	45		
	Auf gehaime Ausgaaben in gleichen	2000	—		
	In Ihro May. der Kayserin gehaimmes Cammerzahl-Amt an dero Ordinari Deputat auch bewilligten Beytrag zur Reyß, theils in Wienn, theils zu Prag bezahlt .	25000	—	20000	—
126	Auf Costgelder, und Costgelds Beyträg, welche außer dem Kayß. Hof-Kuchen-Amt immediate durch die Spessierungs Caßa seind bestritten worden, alß Ihro May. der Regierenden Kayserin, und durchleüchtigsten Jungen Herrschafft Hoff-Statt	9512	52	1353	28
297					
29	Costgelds Beyträge vor die Kay. Music, & Theatral Persohnen	.	.	10745	12
29	Detti. Vor die Käy. Hartschier	.	.	14809	15
29	Detti. Vor Käy. Trabanten	.	.	4440	53
30	Detti. Vor Käy. R. Hof Rath	.	.	3092	50
30	. . . Vor Käy. Hof-Cammer	.	.	9085	25
30	. . . Vor Käy. Univer. Bancalität	.	.	1763	.
30	. . . Vor Käy. Hof Kriegs-Rath	.	.	4508	5
30	. . . Vor Haus, und Feld Kriegs Cantzley .	.	.	1077	45
30	. . . Vors General Kriegs Commissariat . .	.	.	2007	15
30	. . . Vor Königl. Böhm. Hof-Cantzley . .	.	.	10241	25
30	. . . Vor Königl. Hungar. Hof-Cantzley . .	.	.	2725	30

Fol. Relationis		Ordinarium		Extra-ordinarium	
		fl.	kr.	fl.	kr.
30	... Vor die Siebenbürgische Hof-Canzley			1846	15
30	... Vor die Öster-Reichische Geheimme Hof-Canzley mit einbegrif der Staats-Canzley			4963	45
30	... Vors Kayserl. Obrist Hof-Post-Amt			2279	24
31	... Auf Postritts Spesen, so wegen der Prager Reys und dasiger Subsistenz verrichtet worden			2677	4
35	Aufs Käyserliche Hof-Futter Amt ist immediate wegen der Räys, und Subsistenz in Prag, theils durch die mitgeweste Speisierungs-Cassa, theils in Wienn bezahlet worden, namlich Fuhrlohn von Wienn bieß Prag			43594	37
36	Fuhrlohn von Prag bieß Wienn			48140	18
36	Fuhrlohn wehrender Subsistenz in Prag, und auf daselbstige Lust-Reysen			24562	38
42	Fourage Lifferung theils unter Wegs, theils in Prag			16324	49
45	Extra ordinaire Auslagen			4457	24
45	Extra ordinaire Kostgelt Beyträge			3923	4
46	Neuverfertigte Hof-Wägen			25826	—
47	Rays Livereen und andere Erfordernussen			7093	48
	Auf Bau und Reparations Spesen, deren Königl. Schlösseren wie auch anderer durch die Königl. Böhm. Cammer herbeigeschafften Erfordernussen welche alle immediate wegen der Reys und Subsistenz in Prag erforderlich waren, alß				
51	Jager Zeüg			12986	39
53	Wegs Pflasterung			500	—
54	Illuminations Spesen			1068	38
55	Brucken Verfertigung			538	44
59	Grossen Saalls Zuerrichtung			4917	38
60	Caseruen und Wacht-Hüttel			573	16
61	Reparationes in Prag			66705	26
61	Reparationes auf denen Königlichen Herschafften			26510	39

Fol. Relationis		Ordinarium		Extraordinarium	
		fl.	kr.	fl.	kr.
	Auf ordinaire Besoldungen und Abjuten oder Pensiones.				
	Obr. Hof-Maister Stååb	7895	42		
	Obr. Cammerers Stååb	7254	30		
	Obr. Hof Marschal Stååb	2514	—		
	Käy. Reichs Hoff-Rath	4000	—		
	Käy. Hof-Kriegs Rath	8018	9		
	Käy. Finanz Conferenz	5000	—		
	Käy. Hoff-Cammer	8170	—		
	Oester-Reichische Hof-Canzley	175	—		
	Sibenbürgische Hof-Canzley	1300	—		
	Käy. Music	29775	—		
	Käy. Hartschieren Guardie	12097	40		
	Käy. Trabanten Guardie	5057	41		
	Ihro Mäy. der Regierenden Käyserin Hoff-Statt	6109	50		
	Ihr Dhl. (= Durchlaucht) Jungen Herrschafft Hoff-Statt	1823	30		
	Courrente Adjuten	7580	—		
	Pensiones	3237	30		
	Auf das Käy. Hoff-Controlors wie auch Hoff-Kuchen, Keller und Liecht Cammer Amt, seynd sowohl zur Bestreitung, und Herbeyschaffung deren Victualien, als auch des Weinn, Holz, Kollen, Eyss und andere erfordernussen, wie auch Bezahlung deren Ordinaire, und Extra Ordinaire Costgeldern wie in Fol. 75 zu ersehen 232.041 fl. 56 kr. verwendet worden, weillen aber darunter das ordinarium begriffen ist, welches auch ausser b. Käys hätte müssen bestritten werden, als wird von der besagten volligen Bestreitung,				
75	das ordinarium von dem Extra ordinario separierter angesezet mit	112500*)	—	119541	56
77	Auf Waaren und auszüge, ist immediate Wegen der Reys, und zur Herbeyschafung deren dießfahligen Erfordernussen verwendet				

*) Das wöchentliche Ordinarium für den Wiener Hof wird berechnet mit 5000 fl., davon 700 fl. für die Erzherzoginnen Schwestern, womit sie aber niemals auskamen.

Fol. Relationis		Ordinarium		Extra-ordinarium	
		fl.	kr.	fl.	kr.
	worden als ⅞. Wegen Tabbezereh, Betth, und Zimmer-Erfordernussen	. . . .	.	39076	—
77	Zugleichen vor Ihro May. die Käyserin Erfordernussen	. . . .	.	1965	—
77	desgleichen vor Spiegel	. . . .	.	900	—
77	dem Tappezierer vor Arbeith	. . . .	.	3053	—
78	Vor Crönungs Veste, und Zugehörung . .	. . . .	.	398	28
80	Vor das Tuch, welches zur Bedeckung des Bodens, und deren gängen an Crönungs Tägen erforderlich ware	. . . .	.	4484	14
85	Vor gehaltene große opera und eine verkläidete Serenada, in Prag bann vor die zu Znahm gehaltene große Serenada wurde in allem Lauth fol. 85 bezahlet 66136 fl. 8 kr. weillen aber, wann der Hof in Wienn verblieben wäre, die ordinaire Operen hatten müssen bestritten werden, mithin nicht alles auf die Reys kann angerechnet werden, als wird diese vollige Auslaage auf Hierorth in die 2 Classes eingetheilter angesezet, mit	34439	—	31696	11
91	Zur Ausmünzung deren golden. Opffer-Pfennigen, Medalien, auch Gold und Silber auswurf-Münzen, wurden vermög fol. 91 in allem ausgeleget	. . . .	.	11771	21
120	Auf Regalien deren bey beeden Crönungen sich befindenen geist- und Weltl. Hohen Standes Persohnen ist ut fol. 120 verwendet worden	. . . .	.	19800	—
123	Crönungs Insignia, id est 2 goldene, und 2 silberne Stääbe, mit denen Weinn-Vasslenen bann seind auf unterschiebliche kleine Regalien, wie auch Reys Beyhülfen und andere Erfordernussen, ausgeleget worden, wie folgt	. . . .	.	684	50
126	Der Gräfin Fürin als eine Räys-Bey-Hülffe	. . . .	.	1000	—
127	Der Hartschiern und Trabanten Guardie zur Reys BeyHülf	. . . .	.	1178	—
127	Der Hartschiern Guardia extra wegen Bewachung des Cassa Wagens	. . . .	.	28	—
128	Dem vorausgegangenen Kayserl. Cammer-Fourier, Quartier-Maister, und Hoff-son-				

Fol. Relationis		Ordinarium		Extra-ordinarium	
		fl.	kr.	fl.	kr.
	rieren, auch Hof-fuetter-Schreibern die Extra Reyßgelter mit zusammen betragenden			2130	—
128	Zur Einrichtung der Hof Cammer Registratour und Canzley			270	—
128	Dem Königl. Böhm. Bauschreiber zu Präg, wegen gehabter Bemühung zur Recompens			1000	—
128	Denen Kay. Post-Officiren, und Brieff-Trager, wegen gehabter Extra Bemühung vermög Anweysung de dato 7.° Januarij 1724			250	—
128	Denen Königl. Böhäimmischen Cammer Buch-Halterey Verwanthen zur Remuneration, wegen in Herbeyschaffung des Bau und Brenn-Holzes gehabter Extra Bemühung			150	—
128	Dem Schloß-Zimmer warther zu Prag ingleichem			60	—
128	Dem Bancal Repräsentanten zu Prag Herrn von Brandau. Wegen gehabter Extra Bemühungen zur Recompens			500	—
128	Zur Herbeyschaffung einner Reyß Caßa Truhen			112	57
	Der Königl. Bohäimischen Jagerey wegen des geschlagennen Hirschens alß Ein Ordinarium	1000	—		
	Auf gesandschaffts Rays, und Liffer Gelter, alß ein Ordinarium	5961	37		
	Auf Wechsels Aggio ingleichem	98	45		
	Auf Gnäden, und Abfertigungen	900	—		
	Auf Unterhaltung der Käy. Lust Gebäuhen in Wienn	300	—		
	Auf kleinne Allmossen	144	—		
	Summa aller wehren der Prager Rayß, Theils durch die Speßerungs Caßa, Theils aus anderen Caßen bestrittene Anßläägen	441474	28	625390	6
	Zusammen	1066864 fl. 34 kr.			

Summarium deren Fundorum

welche zur etwelchen Bestreittung deren nebend-stehenden Rays Königlich Böhaimischen Crönnungs und anderen Unkosten eingegangen seynd (als)

	fl.	kr.
An Itineral- oder Rays Beitrags Gelderen, ist von dennen gesammt. König. Böhm. Länderen allein (müssen die übrige Käy. ErbLänder hierzu nichts beygetragen haben) eingegangen, und Theils zur Pragerisch. Spesirungs Cassa, theils in die Bancal Representations Cassen abgeführet worden. Nämlich:		
Aus Böhäim mit Glatz . . . . fl. 100000.—		
. . . . Mähren . . . . „ 33333 ½		
. . . . Schlesien . . . . „ 66666 ⅔		
Zusammen von allen 3 Böhm.er	200000	—
Wegen des an Herzog von Savoyen König von Sardinien überlassenen Marchisats, und ReichsLehens Spigni, ist vermög Expedition und Contracts de dato 27t 7brs 1723 successivé zwahr erleget worden	350000	—
N. B. Weillen aber in Specie diese Gelder nicht so zeitl. eingegangen, als die pressante Reys, und Crönnungs Ausgaaben zu bestreiten erforderl. wären, alß haben die Gebrüder Palm auf diesen Fundum fl. 150000.— kr. anticipiret.		
All übrige Bekostungen, und Vorbemelte ausgäaben, seynd durch neügemachten Cameral Credit, und auf-gebrachte Anticipationes so in folgendem bestanden, bestritten worden, alß:		
Frau Anthonia verwittibte gräfin v. Tschernin anticipirte zu 6 pCto . . . . fl. 200000		
Fr. Joanna Gräfin v. Gallasch ingleich . . . . „ 50000		
Fr. Philippina verwittibte Gräfin von Thun . . . „ 50000		
Herr Leopold Graf von Sternberg desgleichen . . . . „ 70000*)		
H. Anton Christoph Gr. von Proskau . . . . . . „ 100000		
H. Joseph von Koch . . . . „ 50000		
Prälathen Stand . . . . „ 125000		
Prälathen Stand in ÖsterReich ob der Enns . . . „ 75000		
Kayl. Statt-Banco in Wienn anticipirte . . . . . . „ 100000		
H. Anton Christian von Schrey-Vogel aus Kayl. Böhm. Deputirt. Amts Gesellen . . . . „ 80000		
Zusammen an Anticipationen	900000	—
Summa deren Fundorum, so zur Räys, und Crönnungs Ausgaben Bestreittung aufgebracht, und theils in die Spesirungs Cassa, theils in die Bancal Cassa eingeliferet worden	1450000	—

*) S. über diese letzteren vier Darlehen die kaiserl. Urkunden in den Articuln des allgem. Landtagsschlusses, gedruckt Prag 3. Juni 1724, Pag. XLIII ff.

Register.

	Seite
Althan, Graf Gundacker	37
Ambreville, Sängerin	40
Arnold, Carl Ferd., Primator	20, 48
Auersperg, Fürst Heinrich	9, 46
Auersperg, Fürstin Maria Theresia	20, 56
Aussig	43
Babia, C. A., Componist	63
Beraun	43
Bibiena, Ingenieur	39
Blaha, Michael Wenzel, Bürgermeister	20
Böhmisch-Brod	43
Borrosini, Sängerin	40
Brandau, Hof- u. Baucalitätsrath	7, 69
Braubeiß	18, 38, 60—62
Brandt, Joh. Caspar, Primator	20, 48
Bredau, Graf	8
Breitenberger, Conrad, Primator	20, 48
Breslau	45
Bubna	29
Budweis	43
Calbara, A., Componist	40, 60, 63
Caraffa, Regiment	19, 20, 33
Carbona, Fürst	6, 61
Carestini, Sänger	40
Carl IV., Kaiser	22, 28, 48
Carl V., Kaiser	52
Carl VI., Kaiser	3, 5—7, 9—14, 16, 17, 19—24, 26, 30, 33, 37—60, 62—65
Carlsbad	3, 5, 6, 37, 43
Capriani, Graf	41
Chlumetz	39, 61
Christine Luise, Herzogin von Wolfenbüttel	60, 61
Cherubim	5
Cienfuegos, Cardinal	55
Clary, Graf	38
Clemens, Erbprinz von Lothringen	38, 39, 61
Cloelia	39
Cobenzl, Graf Caspar	6, 61
Colalto, Graf	17
Colloredo, Graf Hieronymus	42
Conti, F., Componist	61
Deutsch-Brod	43
Dietrichstein, Graf, Joh. Franz Gottfried	4, 6, 7
Domenico, Sänger	40
Donado, Francesco	6, 19, 39, 46, 53, 54, 62
Edessa	46
Eger	9, 43
Elbogen	43
Eleonore, Kaiserin	10
Elisabeth Christine, Kaiserin	3—6, 9, 10, 12—17, 20, 22, 33, 37—42, 52, 54, 55, 56, 58, 61—63, 65, 68
Emanuel, Prinz von Portugal	46
Engelthaler, Jacob Wenzel, Bürgermeister	20
Eugen, Prinz von Savoyen	6, 12, 15, 46, 56, 62
Ferdinand IV., König von Böhmen	10
Fozio, F., Librettist	61
Frankfurt	8, 10
Franz Ludwig, Kurfürst von Trier	45
Franz Stephan, Erbprinz von Lothringen	39, 46, 63
Freyenfels, Hofrath v.	7, 61

	Seite
Freystadt 24	Kinsky, Franz Joseph, Graf . . . 15
Friedrich August, Kurprinz von Sachsen 40	Kinsky, Stephan Wilhelm, Graf 42, 49
Fux, J. J., Capellmeister 39, 51, 68	Kladrub 18, 38
Gallas, Gräfin Johanna 70	Klattau 43
Genaro, Antonio Maria 52	Kloninger, Hoflieferant 24
Gerhardt, Ehrenfried, Tänzer . . 60	Koch, Joseph von 70
Giebl, Andreas, Bürgermeister . . 48	Königgrätz 5
Goltz, Joh. Franz von 41	Königinhof 5
Graun, Capellmeister 40	Königsbauer, Maria Barbara von Hohenried 57
Grimaldi, Girolamo, Erzbischof 46, 53, 54, 62	Königshof 38
Guntersdorf 63	Königshoffen, Hofsecretär von . . . 7
Habern 16	Kokorzowa, Graf, Josef Franz . . 41
Harrach, Cardinal 55	Kokorzowa, Graf, Wenzel . . . 41
Harras, Sigm. Bal., Graf von . 41	Kolin 28, 43, 62
Heimerl, Opernappaltator . . . 39, 63	Kollowrat, Graf, Ferdinand 7
Heintz, Joh. Adam 4, 8	Komotau 43, 61
Herberstein, Regiment 21, 33	Korneuburg 17, 63
Hirschl, Hofjude 25	Koržensky, Graf, Rud. Jos. von Tereschau 42, 49
Hloupétin 18	
Hloschek von Schampach . . . 41, 47	Koschin, Freiherr von, Bischof 48, 56
Hobitz, Gräfin 56	Kuenburg, Graf, Ferd., Erzbischof 7, 21, 22, 42, 46, 48—51, 53, 54, 56
Hößlein, Hofjuwelier 24	
Hohenmauth 5	Kuttenberg 43, 48
Hollabrunn 17	Lachmayer, Hof- und Bancalitätsrath 7
Holleschowitz 38	Lana 38
Horatius Cocles 39	Laun 43
Horžowitz 38	Laxenburg 5
Hrabetzh, Wenzel Ernst Marquardt 18, 41, 47	Leberer, Carl Ferdinand, Bürgermeister 20
Hrabetzh, Franz Wenzel . . . 42, 49	Leischner, Martin 32
Iglau 17, 62	Leitmeritz 43
Imbsen, Hofrath von 7, 61	Leopold I., Kaiser 10
Innocenz XIII., Papst 55	Lieben 18, 29
Jägerndorf 9, 16	Liechtenstein, Fürst, Joh. Jos. Adam 9, 16
Jaromierz 5	
Jenikau 17, 62	Linz 21
Jonelli, Marcus, Bürgermeister . . 48	Lobkowitz, Fürst Philipp . . . 25, 46
Joseph I., Kaiser 3, 40, 58	Ludwig II., König von Böhmen . 58
Jungbunzlau 43, 60	Ludwig XV., König von Frankreich 55
Kaaden 43	Ludwig Rudolf, Herzog von Wolfenbüttel 60, 61
Kaurzim 43	
Kinsky, Carl, Graf 59	Ludwigstorf, Freiherr von 63
Kinsky, Franz Ferdinand, Graf 17, 41 —43, 61, 62, 64	Manner, Hof- und Bancalitätsrath . 7
	Maria Amalia, Erzherzogin 63

	Seite
Maria Anna, Erzherzogin	4, 12, 13, 17, 22, 42
Maria Elisabeth, Erzherzogin	12, 67
Maria Josepha, Kurprinzessin von Sachsen	40, 42, 60
Maria Magdalena, Erzherzogin	12, 67
Maria Theresia, Erzherzogin	4, 5, 12, 13, 17, 22, 38, 39, 42
Martin, Gottfried Joseph	18
Martinitz, Graf	46
Maximilian, Prinz zu Braunschweig	16
Mayer, Joh. Georg, Bürgermeister	21
Mayern, Daniel von	48, 56
Melnik	5
Mies	43
Mittermayer von Wasserberg	52
Münsterberg	9, 46
Mutius Scaevola	39
Myßlich, von Müllenstein, Josef	18
Nellenburg	8
Neu-Bydschow	5
Nimburg	43
Nostitz-Rhineck, Graf, Joh. Ant.	41, 43, 49, 54
Oberhollabrunn	63
Olbricht, Aug. Ferd.	12
Oropesa, Graf	46
Orsini, Sänger	40
Ottenfeld, Oberforstmeister von	38
Otto I., Kaiser	58
Paar, Graf	46
Pachta, Baron	17
Palm, Gebrüder	70
Pardubitz	38, 39
Pariati, P.	39, 63
Passarowitz	3
Perlas, Marquis von Rialp	62
Petschovitsch, Baron von	7
Pilgram	43
Pilsen	43
Pirnitz	17
Pisek	43
Plinius	21
Podiebrad	18, 38, 61, 62
Podol	29
Polička	5

	Seite
Porsenna	39
Prag (Prager Städte)	3, 4, 5, 7, 10—12, 14—16, 18, 20—33, 35—43, 45—49, 51, 52, 61, 62, 64—66, 68, 69
Precker, stud. jur.	34
Brescimonio, Giuf. Librettist	60
Preßburg	8, 10
Proskau, Graf, Ant. Christoph	70
Przerow	18, 38
Quanz, Joh. Joachim	40
Rab, Hofjuwelier	24
Rakonitz	43
Rastatt	3
Retz, P. Rector	21
Ristori, Tommaso	40
Rokycan	43
Rom	21, 39
Rudnitzky, Isidora Constantia, von Březnitz	56
Řežický, Domdechant	42
Saaz	43
Sagan	46
Sattalitz	15
Schaffgotsch, Graf, Joh. Ernst	15, 18, 41, 49
Schlick, Graf, Leopold	6, 41
Schönborn, Graf, Friedrich Carl	62
Schönborn, Schloß	63
Schrattenbach, Graf, Wolfgang, Cardinal	25, 45, 46, 50, 53, 54, 56
Schrewvogel, Ant. Christian, v.	70
Schro, Franz Anton	28
Schüttenhofen	43
Schwarzenberg, Fürst, Franz Adam	6, 19, 61
Sedletz, Kloster	17
Sickingen, Regiment	21, 33
Sickingen, Graf	35
Sinzendorf, Graf, Rudolf	6, 42, 49
Sinzendorf, Graf, Philipp	6, 12, 46, 61, 62
Sinzheimer, Löw	12, 25
Soliman II.	58
Starhemberg, Graf, Gundacker	7, 12, 16, 62
Sternberg, Graf, Leopold	70
Stockerau	17, 63

	Seite		Seite
Svarava, Wenzel Sigm. Carl von	42	Waldstein, Graf, Joh. Josef	38, 41, 42, 49
Sylva-Tarouca, Graf	46	Waldstein, Graf, Leopold	21, 47
Tabor	43	Wanner, von	61
Tartini, Giuseppe, Violonist	40	Weiß, Leopold, Lautenist	40
Taus	43	Welwarn	43
Thun, Gräfin Philippine	70	Wenzel d. Heilige, Herzog von Böhmen	57—59
Thurn, Gräfin, Anna Dorothea	20	Wertheimer, Simson	8, 25
Tinti, Hof- und Bancalitätsrath	6, 7	Wertheimer, Wolf	25
Titian	52	Widersperg, Schloßhauptmann von	22
Totschnik	38	Widmann, Freiin	56
Trajan, Kaiser	21	Wien	9, 11, 12, 15, 17, 24, 61—66, 68
Trautenau	5	Wischehrad	29
Trautsohn, Fürst, Leopold	6, 12, 42, 49, 61, 62	Wodnian	43
		Worms	58
Trier	45	Worschatka, Ignaz Joh.	28
Troppau	9, 46	Wratislaw, Graf, Joh. Ad. Bischof	46, 56
Tschernin, Graf, Franz Josef	41	Wratislaw, Graf, Wenzel	42, 49, 54
Tschernin, Graf, Theobald	41, 49, 54	Wrazda, von Kunwald	21, 47
Tschernin, Graf, Wenzel	20, 47	Wrtby, Graf, Franz Wilhelm	41, 52
Tschernin, Gräfin, Antonia	70	Wrtby, Graf, Joh. Jos.	22, 41—43, 47, 50, 51, 55, 56
Vandini, Ant. Cellist	40	Würben, Graf Franz	41, 47
Veronese, Hoflieferant	24	Würben, Graf, Johann	15
Victor Amadeus II., König von Sardinien	70	Wysotschan	15
Visconti, Graf	46	Zbirow	38
Vorrig von Hochhaus	8	Zelenka, Joh. Dismas, Musiker	59
Voltz, Joh. Franz v.	15	Znaim	17, 61, 62, 68
Voos de	52		
Waldstein, Graf, Joh. Anton	41		

Verbesserungen.

Seite 5. Anmerk. Z. 4 v. o. lies „Königinhof" statt „Königshof".
Seite 6. Anmerk. Z. 5 v. u. lies „Cardona" statt „Cordona".
Seite 18. Z. 6 v. o. lies „Hradeckh" statt „Hradek".
Seite 39. Anmerk. Z. 2 v. u. lies „Heimerl" statt „Heimmerl".
Seite 40. Z. 3 v. o. lies „und unter Mitwirkung der" statt „und der".
Seite 49. Z. 4 v. u. lies „Oberstkämmerer" statt „Oberstkämmer".